高等职业技术院校汽车类专业

汽车发动机电控技术
习题册

中国劳动社会保障出版社

简　介

本习题册是高等职业技术院校汽车类专业教材《汽车发动机电控技术》的配套用书。本习题册内容紧扣教材的教学要求，题型全面，题量充足，并涵盖国家职业技能鉴定题库的相关内容，有助于学生复习巩固所学知识。

本习题册由黎亚洲、向智华主编，巫怀标、彭敏、潘汉荣、阳文辉参编。

图书在版编目(CIP)数据

汽车发动机电控技术习题册/黎亚洲主编. —北京：中国劳动社会保障出版社，2015
ISBN 978-7-5167-1734-9

Ⅰ.①汽…　Ⅱ.①黎…　Ⅲ.①汽车-发动机-电子系统-控制系统-高等职业教育-习题集　Ⅳ.①U464-44

中国版本图书馆 CIP 数据核字(2015)第 044674 号

中国劳动社会保障出版社出版发行

（北京市惠新东街 1 号　邮政编码：100029）

*

中国标准出版社秦皇岛印刷厂印刷装订　新华书店经销

787 毫米×1092 毫米　16 开本　6.75 印张　160 千字

2015 年 3 月第 1 版　2022 年 12 月第 8 次印刷

定价：13.00 元

营销中心电话：400-606-6496

出版社网址：http://www.class.com.cn

http://jg.class.com.cn

目　录

模块一　发动机电控系统概述

课题一　发动机电控系统的组成和工作原理

一、填空题

1. 发动机电控系统由____________、____________、____________、____________和____________五个子系统组成。

2. 汽车发动机的污染物来自____________、____________和____________。

3. 排气管的废气污染物有____________、____________和____________，利用____________转化为水和二氧化碳，利用____________（EGR），将部分____________导入气缸，可降低气缸内的____________，减少____________的排放。

4. 发动机电控系统控制功能有____________、____________、____________、____________、____________、____________。

二、选择题

1. 发动机做功时，燃气从活塞与气缸间窜入曲轴箱。这些气体需要导入气缸燃烧，以免造成空气污染，将新鲜空气补充进入曲轴箱，称为（　　）。

A. 曲轴箱通风　　B. 三元催化反应　　C. 炭罐吸附　　D. 废气再循环

2. 油箱内的汽油受热蒸发后，利用（　　），防止挥发到大气中。并在发动机工作时，汽油蒸气被吸入进气管，进入气缸燃烧。

A. 曲轴箱通风　　B. 三元催化反应　　C. 炭罐吸附　　D. 废气再循环

3. 在发动机中高速时，ECU 控制 EGR 阀，使部分废气进入气缸中，降低气缸中的温度，从而减少 NO_x的排放，称为（　　）。

A. 曲轴箱通风　　B. 三元催化反应　　C. 炭罐吸附　　D. 废气再循环

4. 当 CO、HC 和 NO_x通过（　　）孔道时，转化为无毒的水（H_2O）、氧气（O_2）和氮气（N_2）。

A. 曲轴箱通风　　B. 三元催化器　　C. 炭罐吸附　　D. 废气再循环

5. 发动机微型计算机根据（　　），确定点火时刻基准。再根据发动机运行工况，确定最佳点火时刻（点火提前角），控制点火线圈电流大小和通电时间（导通角）。

A. 曲轴位置传感器和凸轮轴位置传感器

B. 曲轴位置传感器

C. 凸轮轴位置传感器

D. 节气门位置传感器

6. 四缸发动机起动后，ECU 控制发动机以（　　）快怠速运转，并提前点火，便于暖车；当水温升高到一定温度后，发动机以（　　）正常怠速运转。当转向和开空调时，ECU 根据动力转向开关和空调开关信号，提高发动机转速，保证转向机油泵和空调系统正常运转。

A. 1 200 ~ 1 600 r/min、800 r/min　　B. 800 r/min、1 200 ~ 1 600 r/min

C. 300 r/min、1 200 ~ 1 600 r/min　　D. 800 r/min、3 000 r/min

三、判断题

1. 油压调节器将压力调整为比进气管压力高约 350 kPa。（　　）

2. 油箱内的汽油受热蒸发后，利用炭罐吸附，防止挥发到大气中。并在发动机工作时，汽油蒸气被吸入进气管，进入气缸燃烧。（　　）

3. 出现故障时，ECU 检测有问题的传感器，在 ECU 中储存故障码，故障灯不亮。采用人工或用解码器，从 ECU 中可读取故障码。（　　）

四、简答题

1. 简述燃油控制的具体内容。

2. 简述进气控制的具体内容。

3. 根据下表所示传感器外形写出其名称和功用。

传感器外形	传感器名称和功用	传感器外形	传感器名称和功用
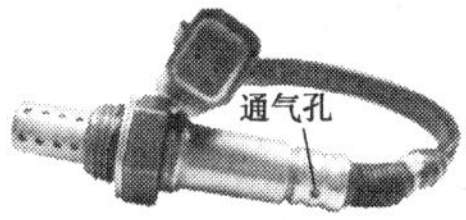 通气孔			

课题二　发动机电控系统的类别、特点及发展趋势

一、填空题

1. 进气管喷射分为______________、______________两种类型。______________采用连续喷射，______________采用间歇喷射，一般发动机每转一周，在______________之前，各缸喷油一次。

2. 现代汽车广泛采用________________，其喷油器工作顺序有__________________、______________和______________。

3. 按空气量的检测方式，汽车发动机电控系统可分为______________、______________、______________。

4. 空气流量计形式分为________________和______________。热线式空气流量计属于

________，即直接测量进入气缸内空气的质量，将该空气的质量转换成电信号，输送给发动机微型计算机，由 ECU 根据空气的质量计算出与之相适应的喷油量，以控制混合气的空燃比在最佳值。

5．D 型电控汽油喷射系统用________测量进气管绝对压力。

6．进气管喷射采用________汽油喷射系统，缸内喷射采用________汽油喷射系统。

7．________是指在排气管内加装________，根据排气中含氧量的变化，来间接测量进入气缸内可燃混合气的空燃比，并不断与设定值进行比较，根据比较结果修正喷油量，最终将空燃比控制在设定值附近。

二、选择题

1．现代汽车广泛采用（　　）汽油喷射方式。

A．K 型　　B．KE 型　　C．EFI 型　　D．FSI 型

2．大众和奥迪旗下已经广泛使用（　　）技术。

A．FSI 和 DSG　　B．TDI 和 DSG　　C．TFSI 和 CVT　　D．EFI 和 AT

3．用空气流量计直接测量吸入的空气量，称为（　　）电控汽油喷射系统。

A．D 型　　B．L 型　　C．CFI 型　　D．SPI 型

4．利用发动机转速和进气管绝对压力，推算出每一循环吸入发动机的空气量，据此计算汽油的喷射量，称为（　　）电控汽油喷射系统。

A．D 型　　B．L 型　　C．CFI 型　　D．SPI 型

5．L 型汽油喷射系统采用（　　）测量进气量。

A．空气流量计　　B．氧传感器

C．进气压力传感器　　D．节气门位置传感器

6．D 型汽油喷射系统采用（　　）测量进气量。

A．空气流量计　　B．氧传感器

C．进气压力传感器　　D．节气门位置传感器

三、判断题

1．现代汽车已经普遍采用缸内喷射系统。（　　）

2．单点喷射是化油器式发动机改进型，结构简单。采用一个或并列的两个喷油器，直接将汽油连续喷入节气门前方的进气管中，与进气气流混合，形成的混合气通过进气歧管分配至各气缸。（　　）

3．同时喷射是各缸喷油器在 ECU 的统一指令下同时开启和关闭，其喷射脉宽不相等。（　　）

4．分组喷射是将多缸发动机的气缸分组，一般四缸分为 2 组，六缸分为 2 ~ 3 组，八缸分为 4 组。同一组喷油器采用同时喷射方式，不同组喷油器采用交替喷射方式。（　　）

5．顺序喷射是 ECU 根据曲轴位置传感器提供的喷射正时信号和发动机的工作顺序，连续控制各缸喷油器进行喷射。（　　）

四、简答题

1．L 型汽油喷射系统的特点是什么？

2．D 型汽油喷射系统的特点是什么？

3．缸内喷射系统的特点是什么？

模块二　空气供给系统

课题一　空气供给系统基础

一、填空题

1．空气供给系统由__________、__________和__________三部分组成。

2．进气系统传感器与执行器由__________、__________、__________以及__________组成。

3．进气通道由__________、__________、__________、__________和__________五部分组成。

4．进气量提高装置有__________、__________、_________和__________。

5．为了增加进气量，充分利用进气流的惯性，需要尽量提前打开进气门（________），推迟关闭进气门（________）。由于做功行程末，气缸内燃烧基本结束，有必要提前打开排气门（________）。为了将废气排除干净，需要推迟关闭排气门（________），充分利用排气流的惯性排气。

6．压缩冲程终了时，气体的压力达__________，温度达__________。

二、选择题

1．非增压发动机进排气门重叠角一般为（　　）；增压发动机进气压力高，需较大的进排气门重叠角，一般为（　　）。

A．60°～80°、80°～160°　　B．80°～160°、20°～60°

C．20°～60°、80°～160°　　D．20°～60°、80°～100°

2．为了充分利用燃料燃烧的热能，要求燃烧过程在活塞到达上止点略后（　　）的位置完成，使气体充分膨胀做功。考虑到从点火到燃烧需要经过着火准备阶段，因此实际上汽油机都在压缩冲程结束前，上止点前（　　）点火。

A．5°、80°～100°　　B．20°、20°～60°

C．30°、80°～160°　　D．10°、10°～25°

3．做功冲程燃料燃烧放出大量热能，使气缸内气体压力急剧升高，最高瞬时压力达（　　），温度升高到（　　）。由于高温高压的气体迅速膨胀，推动活塞做功，通过连杆推动曲轴做旋转运动。

A．3～5 MPa、100 K　　B．3～5 MPa、2 200～2 800 K

C．3～5 MPa、800 K　　D．1 MPa、2 200～2 800 K

4．由于受进气阻力、气缸压力和温度的影响，汽油机的充气效率 η_{CH} 为（　　），柴油

机的充气效率 η_{CH} 为（　　）。

A. 0.7～0.85、0.5～0.7　　B. 0.7～0.85、0.75～0.9

C. 0.7～0.85、0.5～0.6　　D. 0.85～1.7、0.75～0.9

三、判断题

1. 进气通道是空气流所经过的管道，其长度和形状对进气量影响不大。其功能是过滤空气中的杂质、控制发动机的功率输出。（　　）

2. 进气系统传感器与执行器的作用是准确计量进气量、检测发动机的负荷、控制发动机高速进气量。（　　）

3. 发动机换气过程是排气过程和进气过程的统称，目的是排净气缸内废气，并充入尽量多的新鲜空气，提高发动机的动力性，包括从排气门开启直到进气门关闭，占410°～480°曲轴转角。（　　）

四、简答题

1. 影响充气量的因素有哪些?

2. 提高充气效率的措施有哪些?

课题二　可变配气机构

一、填空题

1. 与普通发动机相比，BMW 的 Valvetronic 技术是＿＿＿＿＿、＿＿＿＿＿可以改变。

2. 可变配气机构按功能分有＿＿＿＿＿、＿＿＿＿＿和＿＿＿＿＿等类型。

3. 本田汽车的 VTEC 技术可以通过不同凸轮控制＿＿＿＿＿和＿＿＿＿＿。

4. 本田汽车的 VTEC 技术，当发动机低转速时，气门升程＿＿＿＿＿，以减小进气道截面积，增大气缸内＿＿＿＿＿，提高进气流的惯性，以提高进气量；当发动机高转速时，＿＿＿＿＿气门升程，增大进气道截面积，以减小进气＿＿＿＿＿，增加进气量。

二、选择题

1. 进气持续角是指进气门开启期间曲轴转过的角度，即（　　）。

A. $\alpha+180°+\beta$　B. $\gamma+180°+\delta$　C. $\alpha+\delta$　D. $\alpha+\delta+\gamma+\beta$

2. 排气持续角是指排气门开启期间内的曲轴转角，即（　　）。

A. $\alpha+180°+\beta$　B. $\gamma+180°+\delta$　C. $\alpha+\delta$　D. $\alpha+\delta+\gamma+\beta$

3. 由于进气门早开和排气门晚关，在排气末和进气初，活塞处于上止点附近时，进排气门同时开启，这种现象称为气门重叠。进排气门同时开启所对应的曲轴转角，称为气门重叠角，即（　　）。

A. $\alpha+180°+\beta$　B. $\gamma+180°+\delta$　C. $\alpha+\delta$　D. $\alpha+\delta+\gamma+\beta$

4. 大多数轿车发动机的配气相位可以随发动机转速、负荷变化而自动调整。本田汽车采用的可变气门正时技术称为（　　）。

A. i－VTEC　B. VVT－i　C. VVT　D. VVL

5. 大部分汽车采用（　　）进气相位调整装置。

A. 叶片式　B. 螺旋式　C. 时规链　D. 改变凸轮

三、判断题

1. 随着发动机转速降低，需延长进排气时间，使气门早开晚闭，增加进气量，使排气更干净，以提高发动机的动力性。（　　）

2. 由于新鲜气流和废气气流都有各自的流动惯性，在短时间内会改变流向，只要角度选择合适，就会出现废气倒流入进气道以及新鲜气体随废气一起排出的现象，而且可以提高充气量。（　　）

3. 进气滞后角 β 对发动机性能影响最大，该角过小；会导致进气门关闭过早而影响进气量。但该角过大，进气门关闭过晚，会由于活塞上行，气缸内压力升高，将进入气缸内的气体重新压回到进气道内，同样影响发动机的进气量。（　　）

四、简答题

1．现代汽车为什么广泛采用可变配气机构？

2．可变配气机构的重要性有哪些？

课题三　进气增压系统

一、填空题

1．发动机进气方式有__________和____________两种。发动机增压有__________和__________两种方式，前者__________性能好，而后者__________性能好。

2．机械增压器直接由__________带动，响应性好。但由发动机驱动，消耗__________，在__________时不能产生特别强大的动力，因为它会产生大量的________损失，从而影响发动机____________的提高。在__________时，对发动机的动力输出有明显改善，但峰值功率出现较早，发动机最高转速较低。在任何时候，都能输出源源不断的扭力，大大减小__________频率。

3．涡轮增压发动机要使用__________。

二、选择题

1. 一汽奥迪200 1.8T车型采用1.8 L废气涡轮增压发动机，其功率接近（　　）V6发动机。

A. 2.0 L　　B. 3.0 L　　C. 2.6 L　　D. 1.8 L

2. 废气涡轮增压器转子的转速达到（　　）后，其工作状态才最佳。但在转速提升中，涡轮增压器的转子反应滞后于油门踏板的动作。而转速达到一定值后，发动机动力输出会突然增加。因此，存在低速转矩小和运转不平顺的问题。

A. 150 000 ~170 000 r/min　　B. 15 000 ~17 000 r/min

C. 1 500 ~1 700 r/min　　D. 1 000 ~7 000 r/min

三、判断题

1. 进气道喷射比GDI喷射压力更高、油耗低、燃烧更彻底、排放污染物更少、动态响应好、压缩比大，功率和转矩可以同时提升。目前只有德国大众和日本三菱公司掌握这项技术。（　　）

2. 2005年高尔夫1.4 TSI车型采用复合式增压器（机械增压和涡轮增压双增压）。（　　）

四、简答题

1. 简述废气涡轮增压的工作原理。

2. 如何改善废气涡轮增压器的性能?

3. 2005 年高尔夫 1.4 TSI 车型采用的复合式增压器是如何工作的？

课题四　节 气 门 体

一、填空题

1. ___________安装在空气流量计和发动机之间的进气管上，用来改变进气通道截面积，从而控制___________和发动机运行工况。

2. 传统节气门体由节气门壳体、节气门及轴、节气门拉索架、___________________、___________控制装置组成。

3. 传统节气门体怠速控制装置的类型有旁通气道与怠速空气阀式、___________、直线脉冲式、旋转脉冲式、___________。

4. 步进电动机式怠速阀的转子有 16 个永久磁铁，定子由两个带有 16 齿的铁芯交错安装在一起，每个铁芯有两组绕向相反的线圈。转子工作范围有_________步，锥阀行程为___________，每$\frac{1}{4}$ s 转一圈（___________步），共 3.9 圈。CPU 分别控制四个定子线圈通电，使步进电动机转动。

5. 捷达轿车采用___________节气门怠速阀，由怠速触点 F60、________________G69、怠速位置传感器 G88 和___________V60 组成。

二、选择题

1. 节气门体有传统节气门体和电控节气门体，现代汽车广泛采用（　　）。

A. 传统节气门体　　B. 电控节气门体
C. 节气门拉索　　D. 节气门位置传感器

2. （　　）怠速阀由永久磁铁转子、定子线圈、进给丝杆及阀门等组成。电动机可以正转，也可以反转，进给丝杆可将旋转运动变成阀芯的上下运动，从而调节旁通空气道截面积大小。

A. 直线脉冲式　　B. 旋转脉冲式　　C. 步进电动机式　　D. 怠速电动机式

3．（　　）怠速阀由电磁线圈、阀轴及阀等构成，是利用电流通断时间的占空比控制怠速进气量。如果通电时间长，断电时间短，则进气量增加。

A．直线脉冲式　B．旋转脉冲式　C．步进电动机式　D．怠速电动机式

4．（　　）怠速阀电枢铁芯上有绕向相反的两组线圈 L_1、L_2，当线圈 L_1 通电时，电枢带动滑阀顺时针转动，旁通空气道减小；当线圈 L_2 通电时，电枢带动滑阀逆时针转动，旁通空气道增大。

A．直线脉冲式　B．旋转脉冲式　C．步进电动机式　D．怠速电动机式

三、判断题

1．当节气门体脏污时，会出现摘空挡熄火和热车起动怠速不稳的现象，但这时不需要对节气门体进行清洗。（　　）

2．进气管喷射的发动机，气缸每次工作的时候都是先喷油再点火，当熄灭发动机的一瞬间点火被马上切断，但是这次工作循环所喷出的汽油却无法被回收，只能黏附在进气门和燃烧室壁上，汽油很容易挥发，但汽油中的蜡和胶质物越积越厚，反复受热后变硬，但不会形成积炭。（　　）

3．在拥堵的城市路况下，车辆走走停停，发动机低速运转，更容易形成积炭。（　　）

四、简答题

1．怠速控制装置的工作原理是什么？

2．如何检修步进电动机式怠速阀？

3．如何检修捷达轿车怠速电动机式节气门怠速阀？

课题五　节气门位置传感器

一、填空题

1．节气门位置传感器有＿＿＿＿＿＿、多触点式、＿＿＿＿＿＿和＿＿＿＿＿＿四种类型，其工作原理各不相同，但其作用都是将节气门的位置或开启角度的变化转换成电压信号，输入到发动机电控单元。

2．节气门位置传感器的作用为控制怠速阀的动作、＿＿＿＿＿＿＿＿＿＿＿＿＿＿＿、＿＿＿＿＿＿＿＿＿＿＿、影响废气再循环（EGR）系统的工作和＿＿＿＿＿＿＿＿＿＿＿＿。

3．节气门位置传感器常见故障有：插接器松动、导线断开、＿＿＿＿＿＿＿＿＿＿＿＿、触点＿＿＿＿＿＿或损坏等。节气门位置传感器工作不正常可能会出现＿＿＿＿＿＿、加速无力、＿＿＿＿＿＿、起动困难等现象。

二、选择题

1．（　　）节气门位置传感器的工作原理：当节气门关闭时，怠速开关触点闭合，ECU根据这一信号，按怠速工况喷油。当节气门微开时，怠速开关触点断开，ECU根据这一信号，按过渡工况喷油。当节气门开度为50%时，全负荷开关触点闭合，ECU根据这一信号，按全负荷工况加浓喷油。ECU还可以根据怠速开关信号判断是否进行怠速自动控制和急减速断油控制。

A．开关式　　B．线性可变电阻式　　C．多触点式　　D．霍尔式

2．（　　）节气门位置传感器的触点数量多，能更精确地反映发动机负荷的变化，以便更加准确地控制自动变速器的换挡时刻和变矩器锁止离合器的锁止时刻。

A．开关式　　B．线性可变电阻式　　C．多触点式　　D．霍尔式

3．（　　）节气门位置传感器，当节气门轴转动时，带动电位计活动触点移动。随着节气门开度的增大，电位计活动触点的电阻增大。ECU通过线性节气门位置传感器，获得从全闭到全开连续变化的线性模拟信号，以及节气门开度变化速率，从而精确判断发动机的工况，提高控制精度和效果。

A．开关式　　B．线性可变电阻式　　C．多触点式　　D．霍尔式

三、判断题

1. 多触点式节气门位置传感器的检查调整：在节气门限位螺钉和限位杆之间插入适当厚度的塞尺，用万用表欧姆挡在节气门位置传感器连接器上测量怠速触点和全负荷触点的导通情况。（　）

2. 随着节气门开度的增大，霍尔式节气门位置传感器的电位计活动触点的电阻增大。ECU 通过线性节气门位置传感器，获得从全闭到全开连续变化的线性模拟信号，以及节气门开度变化速率，从而精确判断发动机的工况，提高控制精度和效果。（　）

3. 丰田卡罗拉 1ZR－FE 发动机和新款凯美瑞采用多触点式节气门位置传感器，在高速和极低车速下，也能产生精确的信号。（　）

四、简答题

1. 如何检修开关型节气门位置传感器？

2. 如何检修丰田威驰节气门位置传感器？

课题六　空气流量传感器

一、填空题

1. 空气流量传感器有翼片式、量芯式、__________、热膜式、__________。

2. 翼片式空气流量计的插头一般有______个端子，有的车型取消电动汽油泵控制触点，变为______个端子。VC 和 E2 的工作电压为___________。VS 和 E2 的电阻随流量板的开度成正比或成反比变化，电阻为___________Ω。THA 与 E2 之间为___________进气温度传感器。流量板关闭时，FC 与 E2 之间___________，目的是使汽油泵停止运转。

3．2002 款宝来空气流量计 G70 信号过小的原因有进气管___________、G70 供电故障、G70 与 J220 间信号线___________或对地短路、熔丝 43 损坏、G70 损坏、___________。

4．2002 款宝来空气流量计 G70 信号过大的原因有 G70 与 J220 间信号线___________、G70 ___________故障、G70 损坏、___________。

二、选择题

1．(　　) 空气流量计由翼片部分、电位计部分和接线插头组成。

A．翼片式　B．量芯式　C．热线式
D．热膜式　E．卡门涡旋式

2．(　　) 空气流量计，当气流冲击量芯移动时，使电位计的电阻发生变化，进气量越大，量芯移动距离越大，电位计的电阻变化也越大。它与翼片式空气流量计的原理相同，但没有旁通道，其怠速是通过调整一个与 ECU 相连的可变电阻实现的。

A．翼片式　B．量芯式　C．热线式
D．热膜式　E．卡门涡旋式

3．当空气流过热线时，热线的热量被空气吸收并变冷，使电桥失去平衡，控制电路增加热线的电流，使热线与吸入空气的温度差保持在 100℃。(　　) 空气流量计有主流测量方式和旁通测量方式两种形式。

A．翼片式　B．量芯式　C．热线式
D．热膜式　E．卡门涡旋式

4．(　　) 空气流量计发热体热膜由金属铂固定在薄树脂膜上构成，增加了发热体的强度，提高了空气流量计的可靠性。

A．翼片式　B．量芯式　C．热线式
D．热膜式　E．卡门涡旋式

5．当空气流过 (　　) 空气流量计时，涡旋发生器后部将会不断产生所谓卡门涡旋的涡旋串，测出卡门涡旋的频率便可感知空气流量的大小。

A．翼片式　B．量芯式　C．热线式
D．热膜式　E．卡门涡旋式

6．(　　) 空气流量计用来检测卡门涡旋频率的方法有超声波检测和反光镜检测。

A．翼片式　B．量芯式　C．热线式
D．热膜式　E．卡门涡旋式

7．空气流量计与 J220 端插头间各导线电阻要低于 1.5 Ω，否则将接触不良或 (　　)。

A．损坏　B．断路　C．短路　D．搭铁

8．空气流量计导线彼此间电阻值应为∞ Ω，否则将 (　　)。

A．接触不良　B．断路　C．短路　D．搭铁

三、判断题

1．超声波检测的卡门涡旋式空气流量计，是利用卡门涡旋引起的空气体积变化进行测

量的。 (　　)

2. 超声波检测的卡门涡旋式空气流量计，从信号发生器发出的超声波因受卡门涡旋造成的空气密度变化的影响，到达接收器时，有的变早，有的变迟，而测出其相位差，利用放大器使之形成矩形波，则矩形波的脉冲频率即为卡门涡旋的频率。 (　　)

3. 超声波检测的卡门涡旋式空气流量计是把涡旋发生器两侧压力变化，通过导压孔引向薄金属制成的反光镜表面，使反光镜产生振动，反光镜振动时将发光二极管投射的光反射给光电二极管，对反光信号进行检测。 (　　)

4. 检查空气流量计数据流，如果未达到规定值或故障存储器内存有空气流量计故障码，应检查空气流量计 G70 供电电压。 (　　)

(1) 如果空气流量计的供电正常（12 V），则更换空气流量计 G70。 (　　)

(2) 如果空气流量计无供电电压，检查燃油泵继电器 J17 的导线。 (　　)

(3) 如果确定空气流量计的导线无故障，检查信号线及搭铁线。 (　　)

四、简答题

1. 如何检修卡门涡旋式空气流量计？

2. 试比较不同类型空气流量计的优缺点。

课题七　进气压力传感器

一、填空题

1. __________是将进气管内的压力转化成电压信号，并通过测得的进气压力和发动机的转速，间接地计算出__________，这种检测方法称为“速度密度测量法”，这种燃油喷射系统属__________型，其类型有____________________和_______________两种。

2. 膜盒式进气压力传感器主要由___________、铁芯、___________或滑动电阻、__________组成。

3. 膜盒由薄金属片焊接而成，其内部被抽成_________，外部与_________相通，外部压力变化将使膜盒产生__________。置于感应线圈内部的铁芯和膜盒联动。

4. 进气压力传感器一般有__________、__________和接地三个端子。

二、选择题

1. 当进气歧管压力变化时，膜盒带动铁芯在磁场中移动，使感应线圈产生的信号电压随之变化。该信号电压由电子电路检波、整形和放大后，作为（　　）进气压力传感器的输出信号送至ECU。

A. 膜盒式　　B. 温度传感器
C. 半导体压敏电阻式　　D. 空气流量计

2.（　　）进气压力传感器，封装在真空室内的硅片，由于一侧受进气压力的作用，另一侧是真空，所以在进气压力变化时硅片产生变形，使硅片的电阻值发生变化，导致桥式电路的输出电压发生变化，使半导体硅片产生压电效应。

A. 膜盒式　　B. 温度传感器
C. 半导体压敏电阻式　　D. 空气流量计

3. 桑塔纳轿车将进气压力传感器和（　　）G72安装在一起。G72是一个负温度系数的热敏电阻。

A. 膜盒式　　B. 进气温度传感器
C. 半导体压敏电阻式　　D. 空气流量计

三、判断题

1. 皇冠3.0轿车2JZ－GE发动机采用半导体压敏电阻式进气歧管绝对压力传感器，用万用表电压挡测量导线连接器中电源端VC和接地端E2之间的电压，其电压值应为12 V。如有异常，应检查进气歧管绝对压力传感器与ECU之间的线路是否导通。（　　）

2. 在ECU导线连接器侧，测量在不同真空度下进气歧管压力传感器（PIM－E2端子间）的输出电压，该电压应能随真空度的增大而不断下降。（　　）

四、简答题

1. 膜盒式进气压力传感器是如何工作的？

2. 如何检修膜盒式进气压力传感器？

模块三　燃油供给系统

课题一　电动汽油泵控制系统

一、填空题

1. 燃油供给系统由__________、汽油滤清器、__________、__________、喷油器等组成。

2. 电动汽油泵及电动机都浸在__________汽油中，这样安装管路简单，不会产生漏油现象。运转时，燃油不断穿过油泵和电动机，靠燃油来__________，不易产生__________。

3. 当打开驾驶侧车门后，车身网络计算机 J519 收到__________F2 的开门信号，使电动汽油泵 G6 运转大约__________。当车门开启超过__________时，电动汽油泵不再受 J519 控制。

二、选择题

1. 直流电动机驱动（　　）油泵，油泵旋转产生离心力，转子槽内的滚子向外移动，紧压在偏心设计的泵体壁面上。滚柱随转子旋转时，泵腔容积产生变化，燃油进口处容积越来越大，出口处容积越来越小，使燃油经过入口的滤网被吸入油泵，加压后经过电动机周围的空间由出口泵出。

A. 滚柱式　　B. 平面叶轮式　　C. 转子式　　D. 齿轮式

2. （　　）电动汽油泵的构造与滚柱式电动汽油泵相似，但它的转子是一块圆形平板，平板圆周上开有小槽，形成泵油叶轮。

A. 平面叶轮式　　B. 转子式　　C. 齿轮式

3. 电动汽油泵主要由滤网、单向阀、安全阀、直流电动机、（　　）等部件组成。

A. 滚柱式　　B. 平面叶轮式　　C. 转子式　　D. 油泵

4. 油泵出口处有一（　　），在油泵不工作时阻止燃油倒流回油箱，以保持发动机停机后的燃油压力，便于再次起动。

A. 单向阀　　B. 限压阀　　C. 油压调节器　　D. 油泵

5. 若油泵出口一侧油压过高，打开（　　），使部分燃油回到进油口一侧，以保护电动汽油泵。

A. 单向阀　　B. 限压阀　　C. 油压调节器　　D. 油泵

三、判断题

1. 滚柱式电动汽油泵最大泵油压力可达 400 kPa 以上，但运转时噪声和压力脉动较大，

易磨损，使用寿命短。（ ）

2．滚柱式电动汽油泵最大泵油压力高达600 kPa以上，运转噪声小，出油压力脉动小，使用寿命短。（ ）

3．要绝对禁止在无油的情况下运转电动汽油泵，也不要等油用光后才去加油，以免烧坏电动汽油泵。（ ）

4．设置单向阀可以在燃油输送管路内维持一定的压力，以使发动机在低温情况下的起动变得容易。（ ）

5．排出口下游因某些原因出现堵塞时，安全阀可以防止发生管路破损和燃油泄漏事故。（ ）

四、简答题

1．电动汽油泵应完成哪些控制功能？

2．当发动机不运转时，有哪几种方式可以控制电动汽油泵立即停止工作？

3．如何检修电动汽油泵控制电路？

课题二　汽油滤清器与分配油管总成

一、填空题

1. 燃油喷射的分配油管有__________、__________和___________三种类型。

2. 汽油滤清器常装在电动___________之后的输油管上，过滤燃油中的___________，防止污物堵塞___________等精密零件。滤清器内部有 200 ~ 300 kPa 的燃油压力，因此，耐压强度要求在___________kPa 以上，油管也应使用旋入式金属管，滤芯元件一般采用___________和盘簧形结构。

3. 汽油滤清器可以装在___________附近，也可以装在发动机附近。汽油滤清器大多为___________，用铁壳封装，汽车每行驶_________km 后更换。

二、选择题

1. 缸内直喷分配油管连接在（　　）上。
   A. 低压油泵　　B. 高压油泵　　C. 油压调节器　　D. 齿轮泵

2. 汽油滤清器有如下性能：过滤效率高、使用寿命长、（　　）、耐压性能好、体积小、质量轻。
   A. 压力损失小　　B. 高压　　C. 低压　　D. 压力损失大

3. 分配油管比较粗，其上安装有（　　）、喷油器，有的还安装有脉动缓冲器。
   A. 油压调节器　　B. 高压油泵　　C. 低压油泵　　D. 油温传感器

4. 油泵内容积变化会产生（　　）。
   A. 泵油脉动　　B. 回油脉动　　C. 喷油脉动　　D. 吸气脉动

5. 油压调节器阀门打开和关闭会产生（　　）。
   A. 泵油脉动　　B. 回油脉动　　C. 喷油脉动　　D. 吸气脉动

6. 喷油器间歇喷油会产生（　　）。
   A. 泵油脉动　　B. 回油脉动　　C. 喷油脉动　　D. 吸气脉动

7. 发动机 ECU 通过调节喷油器的通电时间来控制喷油量。如果进气歧管内真空度随发动机工况而变化，则使喷油量发生少量变化。为了精确控制喷油量，必须利用（　　）使油压和进气歧管真空度之和保持不变。
   A. 氧传感器　　B. 脉动缓冲器
   C. 油压调节器　　D. 节气门位置传感器

三、判断题

1. 电动汽油泵进口处装有滤网，滤去汽油中较大的杂质。（　　）

2. 汽油滤清器安装时不需要注意方向。（　　）

3. 脉动缓冲器利用弹簧和膜片的变形，使其内部容积随分配油管内油压大小而变化，保持分配油管内油压恒定。（　　）

四、简答题

1. 脉动缓冲器是如何工作的?

2. 油压调节器是如何工作的?

课题三 喷油器检修

一、填空题

1. 喷油器按功能分为__________、__________和冷起动喷油器。

2. 喷油器按供油方式分为__________和__________。

3. 喷油器按 ECU 控制方式分为__________和__________。

4. 低阻抗型喷油器线圈的电阻较小，为__________，用__________电压驱动，不能直接连接 12 V 电源，否则会烧坏喷油器线圈。高阻抗型喷油器用蓄电池电压驱动，其线圈电阻为__________。

5. 喷油器的控制方式有 __________、__________和__________。

二、选择题

1. (　　) 穿过分配油管，大量燃油流过喷油器，带走燃油因受热产生的大量气泡，减小了气阻，改善了热起动性。

A. 侧方供油的喷油器　　B. 上方供油的喷油器

C. 冷起动喷油器　　D. 多点喷油器

2. (　　) 安装在节气门后的进气管上，喷入额外的燃油，加浓混合气，提高发动机的冷起动性能。

A. 侧方供油的喷油器　　　　B. 上方供油的喷油器

C. 冷起动喷油器　　　　D. 多点喷油器

3. (　　) 喷油器一般为低阻抗型，其线圈的电阻为 2～3 Ω，驱动的脉冲电流开始较大，使电磁线圈产生较大的吸力，打开针阀，然后再用较小的电流保持针阀的开启。

A. 电流驱动式　　　　B. 电压驱动式

C. 低阻抗型　　　　D. 高阻抗型

4. (　　) 喷油器通过附加电阻接 12 V 电源。有的一个喷油器配一个附加电阻，有的两个喷油器配一个附加电阻，有的三个喷油器配一个附加电阻。

A. 电流驱动式　　　　B. 电压驱动式

C. 低阻抗型　　　　D. 高阻抗型

三、判断题

1. 多孔喷油器将燃油喷向多个方向，使油束与空气混合更均匀。(　　)

2. 冷起动喷油器喷口面积大，线圈电阻小（2～4 Ω），射程大，在冷车起动时供给稀而多的混合气，改善发动机冷起动性能。(　　)

3. 水温升高或加热线圈通电都会使温度时间开关的触点断开，以控制冷起动喷油器的电路。(　　)

4. 当冷却液温度低于 20℃时，冷起动喷油器由温度时间开关控制；20～60℃，由 ECU 控制喷油；大于 60℃，ECU 使冷起动喷油器停止喷油。(　　)

四、简答题

1. 简述喷油器的工作原理。

2. 如何检修喷油器控制电路？

课题四　燃油供给系统检修

一、填空题

1. 断开燃油出油管后，用________盖住脱开的管口和接头，以防止损坏和异物侵入。

2. 测量 EFI 继电器处端子 3 和开路继电器处端子 1 之间电阻应不大于______。

3. 测量 EFI 继电器处端子 3 和车身搭铁之间电阻应不小于________。

4. 检查 ECU 端子 FC 和 E1 电压应为 9 ~ 14 V。如果正常，检查________；如果不正常，检查______继电器与开路继电器线束和连接器。

5. 发动机熄火后，检查燃油压力应保持在 147 kPa 约______。注意：如果压力不符合规范，检查______、压力调节器、喷油器。

6. 用专用导线将喷油器接到蓄电池上______，用量杯测量喷射量。每个喷油器测试两次或三次。喷油量为 40 ~ 50 cm^3/s，每个喷油器之间的误差不大于______。

二、选择题

1. 天津威驰汽油泵电路是由（　　）通过 ECU 控制的。

A. STA 信号　　B. STA 和 NE 信号

C. NE 信号　　D. 废气再循环信号

2. 天津威驰发动机起动后，产生（　　），使 ECU 继续保持 T 接通（开路继电器接通）状态，汽油泵也继续工作。

A. STA 信号　　B. STA 和 NE 信号

C. NE 信号　　D. 废气再循环信号

3. 检查天津威驰 ECU 电源电路，如果正常，下一步应该检查（　　）。

A. 汽油泵总成　　B. 废气再循环　　C. EFI 继电器　　D. 开路继电器

4. 在发动机不转时，进行主动测试，开路继电器应动作。如果正常，检查（　　）。

A. 汽油泵总成　　B. 废气再循环　　C. EFI 继电器　　D. 开路继电器

5. 如果 EFI 继电器正常，但汽油泵不转，应该检查（　　）。

A. 汽油泵总成　　B. ECU 端子 FC 的电压

C. EFI 继电器　　D. 开路继电器

三、判断题

1. 在燃油系统上作业之前，应断开蓄电池负极电缆。（　　）

2. 当在燃油系统上操作时，可吸烟或让明火靠近。（　　）

3. 橡胶或皮革零件不能沾上汽油，以免腐蚀损坏。（　　）

4. 连接高压管螺栓应使用新垫片。先用手紧固连管螺栓，再紧固连管螺栓至 390 N · m。（　　）

5. 把扩口螺母接到高压管件上时，先涂上一层薄薄的机油，并用手拧紧扩口螺母。再

使用 300 mm 扭力扳手，紧固该螺母至 34 N · m。 (　　)

6. 在脱开燃油管之前可以不清洁污垢。 (　　)

四、简答题

1. 在检修燃油供给系统时，如何防止汽油溢出？

2. 连接燃油管接头的步骤有哪些？

模块四　电子控制系统

课题一　电子控制系统基础

一、填空题

1. 电子控制系统由__________、__________和发动机控制单元__________（微型计算机）三部分组成。

2. 传感器分别检测进气量、发动机转速、排气中的氧含量、冷却液温度、进气温度和大气压力、节气门位置等，并将信息转换成电信号，ECU 根据这些信号，计算并控制该工况的__________和__________，保证发动机工作在良好状态下。

3. ECU 的功能有__________、燃油压力控制、燃油喷射正时控制、__________、怠速转速控制、__________、__________等。现代汽车还有牵引力控制、定速巡航控制功能。

4. 怠速时，ECU 插座 THA（E5－3）－E2（E5－9）导线颜色是__________，进气温度 20℃，__________的电压是 0.5～3.4 V。

5. 预热发动机保持在 2 500 r/min 运转______min，测量 OX1A（E5－6）－E1（E6－14）两端子间的电压，__________应该产生脉冲。

二、选择题

1. 凌志汽车的点火开关打到 ON 或 ST 位时，ECU 通过 IGSW 或 NSW 收到发动机开始工作的信号，并通过 MREL 控制 EFI 主继电器触点闭合，蓄电池通过 EFI 熔丝、EFI 主继电器、＋B 和＋B1 给（　　）供电。

A. 执行器　　B. ECU　　C. 传感器　　D. 自动变速器

2. 汽油泵、喷油器、EGR 阀、ISC 阀、点火线圈和点火器、炭罐电磁阀（EVAP）、燃油压力控制阀、氧传感器的加热线圈等（　　）都是由 EFI 主继电器供电。

A. 执行器　　B. ECU　　C. 传感器　　D. 自动变速器

3. 有源（　　），如空气流量计、进气温度传感器、主副节气门位置传感器、水温传感器等，由 ECU 供电，电压大多为 5 V。

A. 执行器　　B. ECU　　C. 传感器　　D. 自动变速器

4. BAT（E4－1）－E1（E6－14）之间的电压是（　　）。

A. 0 V　　B. 5 V　　C. 9～14 V　　D. 12 V

5. VC（E5－1）－E2（E5－9）的标准电压是 4.5～5.5 V，是指（　　）之间的电压。

A. 电源线 VC 与搭铁线 E2　　B. 信号线 KS 与搭铁线 E2

C. THA 与搭铁线 E2　　　　　　　　D. VTA 与搭铁线 E2

6. 点火开关扭到 ON 位置，节气门全闭时，（　　）VTA（E5－11）－E2（E5－9）的信号电压是 2.7～5.2 V，全开时信号电压是 0.3～1.0 V。

A. 空气流量计　　　　　　　　B. 进气温度传感器

C. 节气门位置传感器　　　　　D. 水温传感器

三、判断题

1. BATT 也是 ECU 的电源，是常电。当其断电时，故障码会清除。（　　）

2. 氧传感器、爆燃传感器本身不能产生电压信号。（　　）

3. 凸轮轴位置传感器、曲轴位置传感器、转速传感器和车速传感器是电磁式，不需要电源。（　　）

4. BAT（E4－1）中（E4－1）表示 ECU 插座 E4 的第 4 号端子，BAT 的意义是接蓄电池正极。（　　）

5. E1（E6－14）中（E6－14）表示 ECU 插座 E6 的第 14 号端子，E1 的意义是接地。（　　）

四、简答题

1. 如何检测天津威驰发动机 ECU 喷油器的端子？

2. 如何检测天津威驰发动机 ECU 点火器的端子？

课题二　发动机微型计算机（ECU）

一、填空题

1. 汽车发动机微型计算机采集和处理各种传感器的__________，根据发动机工作的要求（喷油脉宽、点火提前角等），进行控制决策的__________，并输出相应的控制信号。除了控制__________外，还对电动汽油泵、__________、EGR、__________、废气涡轮增压器的废气阀、空调等进行综合控制。

2. 汽车用计算机一般有几个输入接口，是转速、负荷、温度、压力等________接口。输出接口是控制接口，它控制外部执行机构如喷油器、点火模块、喷油泵、怠速________等的动作。

3. 传感器输出的信号有__________信号和__________信号两种。

4. 对于模拟信号的处理，输入回路首先对其进行__________、去除杂波、正弦波转换为__________，然后将输入电压变成能够被计算机接收的__________信号。

二、选择题

1. 输入回路是对输入信号进行预处理，先去除传感器输入信号中的杂波，将正弦波转换为矩形波，最后转换成（　　）的输入电平。

A. 5 V　　B. 5 ~ 12 V　　C. 13 V　　D. 13 A

2. （　　）用来存储 ECU 主程序及各工况下点火、喷油的标准数据。

A. 存储器　　B. 爆燃信号放大模块

C. B58468CPU　　D. 车速信号输入模块

3. （　　）负责爆燃传感器信号模/数转换，如损坏会引起发动机爆燃。

A. 存储器　　B. 爆燃信号放大模块

C. B58468CPU　　D. 车速信号输入模块

4. B58468CPU 是英飞凌的 8 位单片机，负责整个 ECU 的控制工作。如损坏会引起发动机不点火、不喷油，检测仪无法与电控单元通信，以至于（　　）不工作。

A. 存储器　　B. 爆燃信号放大模块

C. 发动机微型计算机　　D. 车速信号输入模块

5. 车速信号输入模块，是将（　　）信号输入的电压模拟信号转换为电控单元能够识别的数字信号，经模/数转换后传给 ECU。

A. 存储器　　B. 爆燃信号放大模块

C. B58468CPU　　D. 车速传感器

6. 低电平驱动开关集成电路 4226 – G，在 CPU 的配合下驱动晶体管 30023 和控制点火线圈，如损坏会引起（　　）故障。

A. 不点火　　B. 不喷油　　C. 无怠速　　D. 无高速

7. 传感器信号放大转换电路 30311 负责（　　）信号的整形与放大，如损坏会引起不点火、不喷油等故障。

A. 执行器　　B. ECU　　C. 传感器　　D. 自动变速器

8. M1.5.4 型 ECU 的 TLE4226－G 低电平驱动开关模块损坏会引起（　　）、空调不工作以及发动机不点火等故障。

A. 燃油泵　　B. ECU　　C. 传感器　　D. 自动变速器

三、判断题

1. 模拟信号的电压随时间连续变化，数字信号的电压是矩形波。（　　）

2. 电磁式曲轴位置传感器的输出信号为模拟信号，发动机转速较高时，输出的信号电压较低；发动机转速较低时，输出的信号电压较高。（　　）

3. 输入回路利用其内部的转角脉冲发生器，将曲轴位置传感器输入的几十个脉冲信号（曲轴转一圈）转换成 720 个脉冲信号，使脉冲周期由十几度曲轴转角转换成 0.5°曲轴转角，提高了发动机的控制精度。（　　）

4. 对于数字信号，输入回路对其进行输入电平处理后不能直接将其输入微机。（　　）

5. 微型计算机是汽车控制系统的神经中枢，其作用是通过内存程序和数据库，对传感器输入的信号进行分析、运算、判断等处理，然后向各执行器输出控制指令。（　　）

四、简答题

1. 简述 ECU 工作原理。

2. 如何检测联合电子 M1.5.4 型 ECU 引起的不点火故障?

课题三　燃油喷射控制

一、填空题

1. 工况不同，发动机要求的混合气浓度也不同，如起动、急加速工况，要求混合气__________；急减速工况，要求__________。ECU 要根据有关传感器测得的运转工况，按不同的方式控制__________。

2. 燃油喷射控制包括________________控制、______________（喷油持续时间）控制和____________控制三个方面。喷油量控制分为__________控制、__________控制、__________控制和反馈控制等。

3. 喷油器驱动形式有__________和__________。

4. 喷油正时控制是指喷油器开始喷油时刻的控制。单点喷射系统对正时__________要求，因此不需要控制。多点喷射系统控制主要有__________喷射正时控制和__________喷射正时控制。

5. 在电控汽油喷射发动机上，ECU 根据各传感器送来的信号，判断是哪种工况，来控制______________。ECU 根据起动开关信号可确定发动机是____________工况；根据节气门位置传感器的怠速开关信号、全负荷开关信号及节气门开闭速率，可分别确定发动机的__________工况、__________工况以及__________工况。

6. 起动喷油量控制包括_________、高温起动时修正喷油量控制和_______控制。

7. 在起动喷油控制程序中，ECU 按发动机水温、进气温度、起动转速计算出一个固定的喷油量，供给_________的混合气。发动机水温或进气温度越低，喷油量就__________，加浓的持续时间也__________。

8. 在正常运转工况，由于 ECU 要考虑的运转参数很多，通常将喷油量分成__________、__________以及__________三个部分，并分别计算出结果。然后再将三个部分叠加，作为总喷油量来控制喷油器喷油。

9. 断油控制主要有__________断油控制、__________断油控制以及__________断油控制三种。

二、选择题

1. 喷油器通电时间（或喷油脉冲宽度）越长，喷油持续时间越长，喷油量就越大。一般每次喷油的持续时间为（　　）。

A. 2 ms　　B. 2～20 ms　　C. 20 ms　　D. 40 ms

2. 开阀时间与关阀时间之差（TO－TC）称为（　　），在这段时间内喷油器并不喷油。

A. 无效喷射时间　　B. 有效喷射时间

C. 喷射时间　　D. 通电时间

3. 当蓄电池电压变化时，会影响喷油器开启时刻，从而造成喷油量的误差。ECU 通常采用修正（　　）的方法来消除蓄电池电压变化对喷油量的影响，当电源电压过低时，适当延长通电时间；当电源电压较高时，适当缩短通电时间。

A. 无效喷射时间　　B. 有效喷射时间

C. 喷射时间　　D. 通电时间

4.（　　）喷油器的响应性好，可缩短无效喷油时间，能防止电磁线圈的发热损坏，减少能量消耗。

A. 电流驱动　　B. 低电阻　　C. 高电阻　　D. 电压驱动

5. 喷油器（　　），使用低电阻喷油器时，则应在电路中串入附加电阻，将蓄电池电压分压后加在喷油器上。

A. 电流驱动　　B. 低电阻　　C. 高电阻　　D. 电压驱动

6. 发动机起动时，由于吸入气缸的空气量较少，空气流量计的检测精度低，因此用冷却液温度传感器的信号来计算基本喷油持续时间，ECU 再根据进气温度和蓄电池电压对基本喷油时间进行修正，得到起动过程实际的喷油持续时间，作为起动工况的主喷油量，其喷油量和喷油时刻与发动机曲轴转角有固定关系，这部分喷油为（　　）。

A. 同步喷射　　B. 同时喷射　　C. 异步喷射　　D. 顺序喷射

7. 在起动过程中，有些电控汽油机中的 ECU 还能根据发动机水温，同时进行一定量的异步喷射，或控制冷起动阀进行（　　），以补充冷起动过程对燃油量的额外要求。

A. 同步喷射　　B. 同时喷射　　C. 异步喷射　　D. 顺序喷射

8. 混合气过浓，使火花塞潮湿，不能正常点火，称为溢油或淹缸。（　　）功能是在起动时踩下油门踏板，使节气门全开，点火开关处于起动位置，发动机转速低于 500 r/min，ECU 使喷油器停止喷油，以排除气缸中多余的燃油，使火花塞干燥。

A. 溢油消除　　B. 断油控制　　C. 异步喷射　　D. 学习控制

9.（　　）是根据发动机每个工作循环的进气量，按理论空燃比 14.7 计算出的喷油量，与空气流量成正比，与发动机转速成反比。

A. 修正量　　B. 基本喷油量　　C. 增量　　D. 同步喷油量

10. 只有在混合气浓度处于理论空燃比附近时，三元催化转换效率最高。用氧传感器对排气中氧含量进行检测，ECU 根据检测结果，将修正空燃比控制在理论空燃比 14.7 附近，称为（　　）。

A. 空燃比反馈修正　　B. 学习修正

C. 怠速稳定性修正　　D. 暖机过程修正

三、判断题

1. 喷油器喷油时间就是喷油器通电的持续时间。喷油器通电时间越长，混合气越浓。（　　）

2. 由于喷油器针阀受惯性、电磁线圈的磁滞特性以及磁路效率的影响，在喷油电脉冲加到电磁线圈后，针阀是随着电脉冲同步升起到最大值，而不是滞后一段时间。（　　）

3. 开阀时间受蓄电池电压的影响较大，而关阀时间受蓄电池电压的影响较小。（　　）

4. 低电阻喷油器电磁线圈的匝数少、电阻大，所以电流大、发热快、易损坏。（　　）

5. ECU 根据节气门开度的变化，对异步喷射及喷油量进行控制。在一定时间间隔（如

10～20 ms）内，节气门开度变化量越大，吸入空气的增量就越大，异步喷射的喷油量也越多。（　　）

6. 喷油量的控制其实就是喷油器通电开始时间的控制。（　　）

7. 发动机起动时，ECU 不能用进气量来计算喷油量。ECU 根据起动开关及转速传感器信号，判定发动机处于起动工况，从而按预定的起动程序控制喷油。（　　）

8. 高温起动应减小喷油量，以解决因汽油蒸气存在而引起的混合气变稀的问题。一般是当冷却液温度上升到设定值（如100℃）以上时，减小喷油量。（　　）

9. 在电控汽油喷射发动机起动时，不必踩下油门踏板发动机就可起动；反之，若踏下油门踏板，则有可能进入溢油消除状态而无法起动。（　　）

10. 为了提高发动机怠速运转的稳定性，ECU 根据进气歧管压力和发动机转速的变化，采取与转矩变动相同的反向修正，以提高发动机的怠速稳定性。（　　）

11. 三元催化转换装置只有在混合气浓度处于理论空燃比附近时，才能使 CO、HC 的氧化反应和 NO_x 的还原反应同时进行，三元催化转换效率最高。（　　）

12. 过去常采用停止点火或延迟点火的办法，防止发动机超速。此法排放污染小，燃油经济性很好。（　　）

13. 断油转速和恢复喷油转速与冷却液温度、空调工作与否、用电负荷等因素有关。发动机水温越低，断油转速越高。（　　）

四、简答题

1. 蓄电池电压对喷油器工作性能有何影响？

2. 什么是同步喷射正时控制？

3．什么是异步喷射正时控制？

4．简述 ECU 停止执行减速断油、恢复喷油的条件。

5．如何检修大众高尔夫发动机丢转速故障？

课题四　氧传感器

一、填空题

1. ＿＿＿＿＿安装在三元催化器之前的排气管上，用来检测排气中＿＿＿＿气浓度，以此间接推算混合气的＿＿＿＿＿。也有的车型在三元催化器前后各安装一个，后面的用于检测＿＿＿＿＿的净化效率。

2. 按材料分有＿＿＿＿＿（ZrO_2）氧传感器和＿＿＿＿＿（TiO_2）氧传感器。

3. 二氧化锆氧传感器一般在＿＿＿＿＿才能正常工作，因此，有＿＿＿＿＿和非热型二氧化锆氧传感器。

4. 按安装位置分有＿＿＿＿＿氧传感器和＿＿＿＿＿氧传感器。

5. ＿＿＿＿＿氧传感器可以安装在离发动机较远的排气管上，当发动机负荷小、排气温度低时，加热器通电，保证氧传感器正常的工作温度在＿＿＿＿＿以上，这时电阻＿＿＿＿＿，信号＿＿＿＿＿。

二、选择题

1. 按检测精度分为窄域氧传感器和宽域氧传感器。（　　）氧传感器可以检测稀薄混合气状态下的燃烧情况。

A. 二氧化钛　　B. 宽域　　C. 窄域　　D. 主

2. 用氧传感器进行空燃比闭环控制，在理论空燃比 14.7 附近，氧气和汽油完全燃烧，同时（　　）的净化率最高。

A. 二氧化钛　　B. 宽域　　C. 窄域　　D. 三元催化器

3. 当发动机冷却液温度大于60℃，（　　）氧传感器自身温度达到600℃以上时，才能正常工作；在温度低于 300℃时不工作。

A. 二氧化钛　　B. 宽域　　C. 窄域　　D. 二氧化锆

4. （　　）氧传感器的工作范围是在过量空气系数 $\lambda = 1$ 附近（空燃比为 14.7），一旦超出此范围，测量误差极大。

A. 二氧化钛　　B. 宽域

C. 二氧化锆及二氧化钛　　D. 二氧化锆

5. 当混合气较稀时，燃烧后的废气中氧离子多，二氧化钛氧传感器呈低电阻状态，Ox 端子上的电压也低。在理论空燃比附近，由于电阻急剧变化，Ox 端子上的电压也在（　　）不断变化。

A. 0.1 ~ 0.9 V 之间　　B. 1.1 ~ 9.9 V 之间

C. 12 V 左右　　D. 9 V 左右

6. （　　）氧传感器的电阻将在混合气的过量空气系数为 1 时产生突变。当给氧传感器施加稳定的电压时，在其输出端便可得到一个交替变化的信号。该稳定电压一般由 ECU 内部的稳压电路提供。

A. 二氧化钛　　B. 宽域

C. 二氧化锆及二氧化钛　　D. 二氧化锆

7. 稀混合比传感器是在（　　）氧传感器的基础上扩充功能形成的。

A. 二氧化钛　　B. 宽域

C. 二氧化锆及二氧化钛　　D. 二氧化锆

三、判断题

1. 二氧化锆及二氧化钛氧传感器的工作范围都是在过量空气系数 $\lambda=1$ 附近（空燃比为14.7），一旦超出此范围，测量误差极大。而缸内直喷发动机能在空燃比达20以上，超稀薄混合气情况下燃烧。因此，上述氧传感器便无法胜任了。（　　）

2. 实际上只能使混合气在理论空燃比附近一个狭小的范围内波动，故氧传感器的输出电压在1～8 V之间不断变化（通常每10 s内变化8次以上）。（　　）

3. 如果氧传感器输出电压变化过缓，电压保持高电位或低电位不变，则表明氧传感器有故障。（　　）

4. 当混合气较稀时，有部分氧没有燃烧，排气中氧的含量高，锆管内外表面氧离子浓度差小，输出的电位差较高，约1 V。（　　）

5. 当混合气较浓时，燃烧后的废气中氧离子少，锆管内外表面氧离子浓度差大，输出的电位差较高，约0.9 V。（　　）

6. 当混合气浓度接近理论空燃比14.7时，氧离子浓度差急剧变化，输出的电位差从9 V急剧变化到1 V，氧传感器起到一个浓、稀开关的作用。（　　）

7. 二氧化钛氧传感器的工作原理与二氧化锆氧传感器有很大不同，它是利用氧气与半导体 TiO_2 元件进行氧化反应，使电阻发生变化，不需要排气管内外气体比较，同时需要电源。（　　）

8. 当氧离子在二氧化钛组件内移动时，会产生电动势；反之，若将电压施加于二氧化钛组件上，即会造成氧离子移动。因此，利用这一原理，计算机可将氧离子控制在所希望的数值内。（　　）

四、简答题

1. 简述氧传感器的作用。

2. 简述二氧化锆氧传感器的结构原理。

3. 简述二氧化钛氧传感器的结构原理。

4. 简述稀混合比传感器工作原理。

5. 简述氧传感器波形与发动机故障的关系。

课题五　温度传感器

一、填空题

1. 进气温度传感器用来检测发动机吸入__________。由于吸入空气温度的变化会引起空气__________变化，因此要用__________修正进气量和喷油量。其安装位置有进气软管上、进气管动力腔上、空气滤清器内、__________、进气压力传感器内等多种。

2. 检修进气温度传感器时，在不同温度下测量传感器 THA 与 E2 之间的电阻，0℃为__________kΩ，20℃为__________kΩ。

3. 发动机冷却液温度传感器（ECT）也称为水温传感器，主要是用来检测发动机__________，并将温度信号转变成电信号输送给 ECU，作为__________、点火正时、__________和尾气排放控制的主要修正信号。

二、选择题

1. 进气温度传感器是（　　）的热敏电阻。

A. 正温度系数　　B. 负温度系数

C. 高温度系数　　D. 低温度系数

2. 冷却液温度传感器是（　　）的热敏电阻，温度越低，阻值越大。

A. 正温度系数　　B. 负温度系数

C. 高温度系数　　D. 低温度系数

3. 将冷却液温度传感器放入 40℃热水中，电阻为（　　）。从热水中拿出，电阻逐渐变化到 1. 38 kΩ（20℃）。

A. 0. 7 kΩ　　B. 2. 7 kΩ　　C. 1. 7 kΩ　　D. 3. 7 kΩ

4. 丰田汽车的点火开关处于 ON 位置，水温 80℃时，冷却液温度传感器连接器 THW 与 E2 两端子之间的电压为（　　）。

A. 0. 25 ~ 1. 0 V　　B. 2. 7 ~ 6 V　　C. 1 ~ 12 V　　D. 3. 7 V

三、判断题

1. 冷却液温度传感器安装在发动机节温器处，其电路和工作原理与进气温度传感器相同，都是负温度系数的热敏电阻，温度越低，阻值越小。（　）

2. 冷却液温度传感器将冷却液温度的高低转变成电信号，ECU 据此控制供油加浓量（冷车起动时和暖机过程中）、点火正时和怠速转速。（　）

3. 冷却液温度传感器连接器 THW 与 E2 两端子之间的电压与冷却液温度成正比变化。（　）

四、简答题

1. 进气温度传感器的工作原理是什么？

2. 如何诊断冷却液温度传感器连接器 THW 与 E2 两端子之间无电压的故障？

模块五　点火控制系统

课题一　有分电器计算机控制点火系统

一、填空题

1. 分电器的作用除有配电器进行__________外，还有产生发动机转速和计数信号的__________及产生判断气缸上止点信号的__________。

2. G信号在1、4缸活塞上止点前（BTDC）__________产生，用于辨别给哪个气缸喷油和点火，也用来替代Ne信号，作为计算曲轴转角的基准信号。G转子位于Ne转子上方，G1线圈与G2线圈对称，__________（TDP）线圈用于判断4缸活塞上止点，__________（CYP）线圈用于判断1缸活塞上止点。

二、选择题

1. （　　）信号（CKP）的作用是计算曲轴位置和转速。

A. Ne　　B. G1　　C. IGf　　D. IGd1

2. （　　）转子有24个齿，故分电器旋转1圈，即曲轴旋转2圈，感应线圈产生24个交流信号，每个脉冲相当于曲轴转过30°角，再由发动机微型计算机ECM均分为30等份，即产生曲轴1°信号，用于计算曲轴位置。

A. Ne　　B. G1　　C. IGf　　D. IGd1

3. （　　）是一个自耦变压器，用来将低压电转化为20 000 V以上的高压电。

A. 曲轴位置传感器　　B. 点火器

C. 点火线圈　　D. 凸轮轴位置传感器

4. （　　）用来控制点火线圈初级电流通断，并使点火线圈次级产生20 000 V互感电动势。

A. 曲轴位置传感器　　B. 点火器

C. 点火线圈　　D. 凸轮轴位置传感器

三、判断题

1. 点火控制模块应及时向ECU返回IGt点火确认信号。若其3～5次均无IGf信号返回，则ECU便以此判定点火系有故障，且强行断油，致使发动机熄火。　（　　）

2. 本田雅阁F22B2发动机分电器内部安装有曲轴位置传感器（Ne）、凸轮轴位置传感器（G1、G2）、点火器、点火线圈和配电器。　（　　）

四、简答题

1. 简述有分电器计算机控制点火系统的工作原理。

2. 如何检修有分电器计算机控制点火系统？

课题二　无分电器计算机控制点火系统

一、填空题

1. 无分电器计算机控制点火系统取消了__________，在电控单元 ECU 和点火器的控制下，__________的高压电按照一定的点火顺序直接加在火花塞上。

2. 无分电器计算机控制点火系统由与点火有关的传感器、发动机微型计算机（ECU）、__________（也称点火模块）、点火线圈、高压线、__________等部件构成。

3. 无分电器计算机控制点火系统有各元件分立、__________和__________三种类型。

4. 本田 i－DSI 智能化双火花塞顺序点火系统，每个气缸有两套点火系统。火花塞、__________与__________组装在一起，取消了__________，减小了线路长度和故障率，增强了高压火花能量。

5. 点火系统中各传感器的作用是曲轴位置传感器 CPS 向 ECU 提供发动机转速、______

_____信号，转速信号用于计算确定___________，_______信号用于计算______转过的角度，以控制点火时刻。空气流量计 AFS 和节气门位置传感器 TPS 向 ECU 提供发动机___________信号，用于计算点火提前角。冷却液温度信号 CTS、进气温度信号 IATS、车速信号 VSS、空调开关信号 A/C、爆燃传感器 DS 信号等，用于修正___________。

6. 点火系统控制内容有___________控制、点火提前角___________控制、___________控制。

7. 丰田 TCCS 在正常行驶时的基本点火提前角，是指节气门位置传感器___________打开时所对应的基本点火提前角。该值主要是依据发动机的___________和用进气量表示的发动机___________而定。

8. 发动机怠速时，如空调、动力转向等动作而引起负载变化时，会引起转速不稳定。所以，ECU 根据实际转速与目标转速的转速差，动态地修正___________。若发动机的怠速转速低于目标转速，控制系统将相应地___________点火提前角，以利于怠速的稳定；反之，则相应地___________点火提前角。

9. 如果冷却液温度过高，会产生爆燃，应适当_____________点火提前角。但当发动机处于怠速运行工况时（IDL 通），若冷却液温度过高，为了避免发动机长时间过热，则应___________点火提前角。

二、选择题

1.（　　）无分电器计算机控制点火系统，低压和高压线路都比较长，故障率较高。线路长使电路中的电容大，高压火花能量较弱。

A. 四缸同时点火　　B. 双缸同时点火
C. 各缸独立点火　　D. 各元件分立

2.（　　）无分电器计算机控制点火系统是指点火线圈每产生一次高压电，都使两个气缸的火花塞同时跳火。

A. 四缸同时点火　　B. 双缸同时点火
C. 各缸独立点火　　D. 各元件分立

3. 桑塔纳 2000GSi，捷达 AT、GTX 和奥迪 200 型轿车采用（　　），将点火器和点火线圈组合在一起，缩短了低压电线。

A. 四缸同时点火　　B. 双缸同时点火
C. 各缸独立点火　　D. 各元件分立

4. 本田飞度的 i－DSI 发动机点火控制系统，将点火器、点火线圈、高压部分都集成在一起，共 8 套，每个气缸有两套，称为（　　）。

A. 四缸同时点火　　B. 双缸同时点火
C. 各缸独立点火　　D. 各元件分立

5.（　　）是指火花塞电极间跳火开始到活塞运行至上止点时这段时间内曲轴所转过的角度。

A. 闭合角　　B. 点火提前角
C. 曲轴转角　　D. 初始点火提前角

6.（　　）是沿用了传统点火系的概念，在电子控制的点火系统中是指初级电路接通的时间。

A. 闭合角　　B. 点火提前角

C. 曲轴转角　　D. 初始点火提前角

7. (　　) 一般固定在压缩行程上止点前 10°。

A. 基本点火提前角　　B. 点火提前角修正值

C. 闭合角　　D. 初始点火提前角

8. (　　) 随发动机转速的升高而增大。

A. 基本点火提前角　　B. 点火提前角修正值

C. 闭合角　　D. 初始点火提前角

9. 当发动机负荷在 25% 以下和 50% ~75% 时，(　　) 基本保持不变。

A. 基本点火提前角　　B. 点火提前角修正值

C. 闭合角　　D. 初始点火提前角

10. 当冷却液温度在 0 ~70℃之间逐渐上升时，点火提前角增大 15°并逐渐减小，发动机温度也逐渐升高，属于 (　　) 控制。

A. 基本点火提前角　　B. 点火提前角修正值

C. 闭合角　　D. 初始点火提前角

11. 当发动机转速低于 1 500 r/min 时，闭合角随发动机转速的上升而迅速增大，属于 (　　) 控制。

A. 基本点火提前角　　B. 点火提前角修正值

C. 闭合角　　D. 初始点火提前角

三、判断题

1. 四缸同时点火是指点火线圈每产生一次高压电，都使四缸发动机 1 -4 缸和 2 -3 缸，六缸发动机 1 -6 缸、2 -5 缸和 3 -4 缸的火花塞电极同时跳火。(　　)

2. 在初级绕组电流接通瞬间，次级绕组可产生 1 000 V 左右的感应电动势。此时气缸处于进气行程接近终了或压缩行程刚刚开始状态，缸内压力低，又有可燃混合气体，那么 1 000 V 左右的电压就有可能击穿火花塞电极间隙而产生火花塞跳火，称为误跳火，会影响发动机正常工作。(　　)

3. 为了避免误跳火，在点火线圈次级绕组回路中并接一个反向击穿电压较高的二极管，利用二极管的反向截止功能，使初级电流接通时次级产生的感应电动势不能形成放电回路。在点火线圈与火花塞之间的高压回路中保留 3 ~4 mm 间隙，也可避免误跳火。(　　)

4. 本田 i - DSI 发动机点火控制系统每个气缸的两个火花塞分别设在进气侧和排气侧，缩短了燃烧室内火焰传播的距离和时间，实现了急速燃烧，同时降低了爆燃的倾向，使压缩比尽可能提高，实现了高输出功率、高输出转矩及低油耗的统一。(　　)

5. 大众轿车双缸同时点火系统的两个点火线圈没有组合在一起。(　　)

6. 当发动机负荷在 25% ~50% 时，基本点火提前角随发动机负荷的增大而迅速减小；当发动机负荷在 75% 以上时，基本点火提前角随发动机负荷的增大而迅速增大。(　　)

7. 当冷却液温度大于 70℃时，暖机修正点火提前角不需要增大。(　　)

8. 闭合角随蓄电池电压的升高而缓慢增大。(　　)

9. 为了提高发动机转速的稳定性，当反馈修正油量减少而导致混合气变稀时，应适当增大点火提前角；反之，则减小点火提前角。 (　　)

10. 点火提前角就是固定点火提前角、基本点火提前角及修正点火提前角三项之积。 (　　)

四、简答题

1. 本田 i－DSI 发动机点火控制系统是如何控制的？

2. 点火系统基本原理是什么？

3. 丰田 TCCS 点火系统基本原理是什么？

课题三　点火系统的基本控制

一、填空题

1. 从点燃气缸内混合气开始，到混合气猛烈燃烧有一个时间过程，因此需要在活塞到达__________点火。__________是将燃烧控制在轻微爆燃时刻，使汽车的经济性、动力性、排放净化性能达到最佳状态。

2. 点火提前角的控制本身属于相当复杂的多变量求解问题。其主要影响因素是__________和__________，因此目前普遍通过试验方法来获得发动机在不同转速、不同负荷时所对应的最佳__________，以此确定三维控制模型图，再将该模型图转换成二维表格，将这些数据储存在计算机中，供实际点火提前角控制用。

二、选择题

1. 在发动机实际运行中，ECU 通常根据发动机（　　）传感器、节气门位置传感器输入的信息，从相应的二维表中找出所对应的点火提前角的数值，再根据其他传感器信息进行校正，就可以对点火系进行适时精确控制。

A. 转速　　B. 氧　　C. 爆燃　　D. 温度

2. 最佳点火提前角随着发动机转速提高而（　　）。

A. 加大　　B. 减小　　C. 不变　　D. 不提前

3. 当发动机的转速一定时，节气门开度增大，进入气缸的混合气量增多，混合气质量提高，燃烧速度加快，点火提前角应相应（　　）。

A. 加大　　B. 减小　　C. 不变　　D. 不提前

4. 发动机起动或怠速时，混合气的燃烧速度较慢，但发动机的转速很低，燃烧所对应的曲轴转角很小，如果点火提前角过大，有可能造成发动机反转而使起动困难，此时点火提前角较小或（　　）。

A. 加大　　B. 减小　　C. 不变　　D. 不提前

5. 汽油标号越高或混合气稀，燃烧速度慢，点火提前角（　　）。

A. 加大　　B. 减小　　C. 不变　　D. 不提前

6. 在汽车的使用中，压缩比高的发动机要使用高标号汽油，如果不得已使用了低标号汽油，为了避免发生爆燃，则应（　　）点火提前角。

A. 加大　　B. 减小　　C. 不变　　D. 不提前

7. 进气温度和发动机温度升高，混合气质量提高，燃烧速度加快，点火提前角应相应（　　）。

A. 加大　　B. 减小　　C. 不变　　D. 不提前

8. 有些车型采用的点火线圈，初级电阻很小，其饱和电流可达 30 A 以上，这一技术称为高能点火技术（HEI）。为了防止初级电流过大烧坏点火线圈，在点火控制电路中增加了（　　）控制电路。

A. 恒流　　B. 减压　　C. 增压　　D. 减流

三、判断题

1. 由于次级电压最大值与断开电流成正比，因此，必须保证通电时间能使初级电流达到最大。为此，必须增加通电时间，但如果通电时间过长，点火线圈又会发热并使电能消耗增大，反而不利于点火系统的正常工作。（　　）

2. 蓄电池电压下降，在相同的通电时间里初级电流所达到的值将会增加。（　　）

3. 当点火线圈的初级电路被接通后，其初级电流是按指数规律增长的。初级电路被断开的瞬间初级电流所能达到的值称为断开电流，与初级电路接通的时间长短有关。（　　）

4. 在计算机点火控制系统中，若采用带有爆燃传感器的点火闭环控制，将产生爆燃。（　　）

5. 在有爆燃传感器闭环控制的点火系统中，利用爆燃传感器检测爆燃界限，进行反馈控制，把点火时刻控制在临近爆燃时，有利于提高发动机的动力性，使发动机产生最大转矩。（　　）

四、简答题

1. 点火提前角的影响因素有哪些？

2. 什么是闭合角控制？

课题四　曲轴、凸轮轴位置传感器

一、填空题

1. ＿＿＿＿＿传感器（CKP）用来确认曲轴转角位置和发动机转速，ECU用此信号控制燃油＿＿＿＿＿、喷油正时、＿＿＿＿＿＿＿＿、＿＿＿＿＿＿＿＿、怠速转速和电动汽油泵的运行。

2. 有分电器的车型，曲轴位置传感器和凸轮轴位置传感器都安装在＿＿＿＿内，其结构有＿＿＿＿＿、霍尔式和光电式。

3. 无分电器的车型，＿＿＿＿＿＿＿＿安装在曲轴的前端或后端，＿＿＿＿＿安装在凸轮轴的前端。

4. 电磁式曲轴位置传感器由＿＿＿＿＿和＿＿＿＿＿组成。转子固定在分电器轴或曲轴上，线圈固定在分电器壳体或气缸体上。转子旋转时，由于转子齿与线圈铁芯、拖架的间隙不断发生变化，通过线圈的＿＿＿＿＿也不断变化，线圈两端便产生＿＿＿＿，并以交流信号输出。交流信号的＿＿＿＿＿能反映曲轴的转速和位置。当转速慢的时候，其振幅较＿＿＿＿＿，信号较＿＿＿＿＿。

5. 将六面体霍尔元件放在磁场中，在前后两个面上接上＿＿＿＿＿，在上下两个面上有＿＿＿＿＿通过，那么在左右两个面上就会产生＿＿＿＿＿。当叶片转到霍尔元件与永久磁铁之间时，霍尔元件上没有＿＿＿＿＿作用，不能产生＿＿＿＿＿，不输出信号。

6. 光电式曲轴位置传感器1°信号发生器输出＿＿＿＿＿个脉冲，每个脉冲周期高电位对应1°，低电位也对应1°，表征曲轴转角＿＿＿＿＿。与此同时，120°信号发生在各缸压缩行程上止点前＿＿＿＿＿产生一个脉冲，6个缸共产生6个脉冲信号。

二、选择题

1.（　　）曲轴位置传感器的触发叶片离开霍尔元件时，受到磁场作用，在磁场和电流同时存在的情况下，霍尔元件就产生了霍尔电压。

A. 压电式　　B. 光电式　　C. 霍尔式　　D. 电磁式

2.（　　）曲轴位置传感器由信号发生器和信号盘组成。当发光二极管的光束通过信号盘上的孔照射到光敏二极管上时，光敏二极管产生电压；当发光二极管的光束被遮挡时，光敏二极管电压为零。

A. 压电式　　B. 光电式　　C. 霍尔式　　D. 电磁式

3.（　　）曲轴位置传感器（CKP）的信号特点是随着发动机转速的提高，信号的频率越来越快，但传感器输出信号的振幅是恒定的。

A. 压电式　　B. 光电式　　C. 霍尔式　　D. 电磁式

4.（　　）曲轴位置传感器与霍尔式一样，都需要电源。

A. 压电式　　B. 光电式　　C. 霍尔式　　D. 电磁式

5.（　　）用来确认凸轮轴位置，ECU用此信号判断给哪一个气缸点火和喷油顺序。

A. 爆燃传感器　　B. 氧传感器

C. 曲轴位置传感器　　D. 凸轮轴位置传感器

三、判断题

1. 霍尔元件产生的霍尔电压非常微弱，只有几微伏，不经过放大和整形，就能被利用。（　）

2. 霍尔元件产生的霍尔电压 UH 信号，经过放大、整形，最后以整矩形脉冲（方波）信号输出。（　）

3. 霍尔传感器一般有三条线：电源线、搭铁线和信号线。车型不同，电源线电压相同。（　）

4. 桑塔纳轿车的霍尔传感器，红黑线是电源线，绿白线是信号线，棕白线是搭铁线。（　）

5. 凸轮轴位置传感器的结构原理与曲轴位置传感器基本相同，有电磁式、霍尔式和光电式三种形式。（　）

四、简答题

1. 如何检修桑塔纳霍尔传感器？

2. 凸轮轴位置传感器起什么作用？有哪些类型？

课题五　点火系统爆燃控制

一、填空题

1. 点火提前角的闭环控制由__________、带通滤波电路、__________、整形滤波电路、比较基准电压形成电路、积分电路、__________和__________等组成。

2. ECU 通过测量爆燃传感器信号电压的__________是否超过某一定值，来判断发动机是否发生__________。若发生爆燃，就会__________点火时间；若爆燃停止，经过一段时间后，点火正时再次__________。

3. 爆燃传感器有__________（共振、非共振）和磁致伸缩型两种类型。现在广泛采用的是宽幅压电非共振型爆燃传感器，虽输出电压的峰值__________，但可以在__________范围内检测出共振电压信号。

4. 爆燃控制是一个__________控制系统。发动机工作时，ECU 根据各传感器信号，从存储器中查寻相应的点火提前角，控制点火时刻，控制结果由__________反馈到 ECU 输入端，由 ECU 对点火提前角进行修正。

5. 压电元件有电压效应和电阻效应两种。__________是指压电元件的输出电压与受到的压力成正比。__________是指压电元件的电阻与受到的压力成正比。

6. 大众采用非共振型压电式爆燃传感器，主要由底座、__________、__________、壳体和接线插座等组成。

7. 捷达、桑塔纳轿车爆燃传感器任意两端子间电阻__________，ECU 与爆燃传感器各条连线两端之间的电阻__________。

8. 检查爆燃传感器的项目有爆燃传感器两信号端子间的__________、__________，以及 ECU 导线的 __________和绝缘性。

二、选择题

1. 在电控点火系统中，用（　　）进行闭环控制，有效地控制点火提前角，则可以防止爆燃，从而使发动机工作在爆燃的临界状态。

A. 爆燃传感器　　B. 氧传感器
C. 曲轴位置传感器　　D. 凸轮轴位置传感器

2. （　　）用来检测发动机的燃烧过程中是否发生爆燃，发动机发生爆燃时，ECU 根据该信号延迟点火正时，以防止爆燃。

A. 凸轮轴位置传感器　　B. 氧传感器
C. 曲轴位置传感器　　D. 爆燃传感器

3. （　　）只允许频率为 6 ~ 9 kHz 的爆燃信号或接近爆燃的信号输入 ECU 进行处理，其他频率的信号则被衰减。

A. 带通滤波器　　B. 信号放大器
C. 整形滤波和比较基准电路　　D. 爆燃信号

4.（　　）的作用是将信号放大，以便整形滤波电路进行处理。

A. 带通滤波器　　　　　　　　　　　B. 信号放大器

C. 整形滤波和比较基准电路　　　　　D. 爆燃信号

三、判断题

1. 适当增大点火提前角，汽油发动机可获得最大功率和最佳燃油经济性。但是，点火提前角过小又会引起发动机爆燃。（　　）

2. 在发动机缸体上安装有 1 ~ 2 个爆燃传感器。对于四缸发动机，一般安装在中间两个缸的缸体之间；在 V 型发动机中，两列气缸缸体各安装一个爆燃传感器，用来检测两列气缸的爆燃情况。（　　）

3. 判定发动机是否发生爆燃常用的方法是将发动机无爆燃时爆燃传感器的输出电流，与产生爆燃时爆燃传感器的输出电流进行比较，从而做出判定结论。（　　）

4. 判定爆燃的基准电压通常利用发动机即将爆燃时的传感器输出信号电压来确定，它不是一个固定值，其值将随发动机转速升高而增大。（　　）

5. 发动机爆燃的强度取决于爆燃传感器输出信号电压的振幅和持续时间。爆燃信号电压值超过基准电压值的次数越多，爆燃强度越小；反之，超过基准电压值的次数越少，说明爆燃强度越大。（　　）

6. 当发动机的负荷低于某一值时，一般不会出现爆燃。此时，点火控制系统采用开环控制。（　　）

7. 为防止传感器失灵、检测电路发生故障、线路断路等意外情况，系统内设置一个安全电路，将点火时刻提前，并且点亮仪表板上的故障警告灯。（　　）

8. 检查爆燃传感器输出信号时，应关闭点火开关，拔下传感器连接器插头，再打开点火开关，起动发动机使之怠速运转，用万用表电压挡检查爆燃传感器端子 1 与 2 间应有脉冲电压输出。（　　）

四、简答题

1. 什么叫爆燃？

2. 爆燃控制电路各部分的作用什么？

3. 如何检测丰田锐志 5GR－FE 爆燃传感器电路？

模块六　污染物排放净化控制系统

课题一　发动机排放的污染物及净化方法

一、填空题

1. 汽车排放污染物的部位主要有三个：________、________和________。

2. 汽油机排气管排放的废气成分主要有________、________、________和二氧化碳（CO_2）四种。其中________为汽油燃烧的必然产物，是不能避免的，危害性较小。

3. 汽车排气中含有数百种不同的物质，除人们熟知的一氧化碳（CO）、二氧化硫（SO_2）外，目前特别引起人们关注的是产生温室效应的________和________等，形成________的氮氧化物（NO_x）和未燃烃（HC）等，以及会________的附在炭烟微粒上面的多环芳香烃（PAH）等物质。

二、选择题

1.（　　）是在不完全燃烧的情况下产生的，是一种无色、无味的有毒气体。一旦进入人体血液和大脑，会降低红细胞的供氧能力，即使其浓度很低，也能伤害神经系统功能和视力。

A. 碳氢化合物　B. 一氧化碳　C. 氮氧化物　D. 二氧化碳

2.（　　）等温室气体，在上空形成气层，吸收地球表面的红外辐射，将其能量反射到地球表面。就像将地球罩在温室里，对地面起保温作用，故称为温室效应。

A. 碳氢化合物　B. 一氧化碳　C. 氮氧化物　D. 二氧化碳

3. 汽车柴油发动机排出的（　　）微粒主要由碳粒子、未燃的碳氢化合物、硫化物、氧化物及含金属成分的灰分等组成。

A. 碳氢化合物　B. 一氧化碳　C. 氮氧化物　D. 炭烟

4. 汽车发动机未燃烃（HC）中的一些物质除有致癌危险外，未燃烃及氮氧化物（NO_x）在太阳光作用下，经过一系列的化学反应，产生浅蓝色的刺激性烟雾，即（　　）。

A. 光化学烟雾　B. 一氧化碳　C. 氮氧化物　D. 炭烟

5. 曲轴箱产生的污染物是汽油燃烧的中间产物，净化方法是（　　），并送到进气管。

A. 炭罐吸附　B. 废气再循环

C. 三元催化转换　D. 曲轴箱强制通风

6. 排气管产生的污染物的净化方法主要是（　　）。

A. 炭罐吸附　B. 废气再循环

C. 三元催化转换　D. 曲轴箱强制通风

7. 减少排气管产生的氮氧化物的方法主要是（　　）。

A. 炭罐吸附　　B. 废气再循环

C. 三元催化转换　　D. 曲轴箱强制通风

8. 汽油箱内的汽油蒸气的净化方法是（　　），并导入进气管。

A. 炭罐吸附　　B. 废气再循环

C. 三元催化转换　　D. 曲轴箱强制通风

三、判断题

1. 汽车油箱内的汽油很容易挥发，产生大量的碳氢化合物（HC）排到大气中，是极大的浪费，同时对环境产生严重的污染。因此，油箱内的汽油蒸气需要回收。（　　）

2. 曲轴箱窜气会加快机油变质，使润滑效果变差，且浪费燃料。同时，排到大气中，对环境产生严重的污染。但是不需要对曲轴箱进行强制通风，需回收曲轴箱窜气。（　　）

3. 在驻车期间，发动机在怠速工况下带动空调机运行时，如果发动机排气系统漏出CO，会进入乘坐舱内，引起人体中毒，严重时会致命。（　　）

4. 大气层中 O_2 等温室气体过多，会使地球表面平均温度每年上升得较快，使冰雪融化，海平面上升，给人类带来气候失调、水灾及风灾等。（　　）

5. 柴油机微粒排放中的一些物质，如多环芳香烃（PAH）具有形成肿瘤及致癌的潜在危险。（　　）

四、简答题

1. 简述汽油机排放污染物净化方法。

2. 汽车排放污染物有哪些？其危害是什么？

课题二　排气管废气污染物控制

一、填空题

1. 汽油发动机排气管中氮氧化物与空燃比成__________。碳氢化合物和一氧化碳与空燃比成__________。氮氧化物、碳氢化合物和一氧化碳同时最少时的空燃比是__________。

2. 三元催化器安装在__________前，由钢外壳、陶瓷载体__________和__________组成。

3. EGR 率过大时，使燃烧速度太__________，燃烧变得不稳定，失火率增加，使__________排放增加；EGR 率过小时，__________排放达不到法规要求，易产生爆燃、发动机过热等现象。因此，EGR 率必须根据发动机__________进行调整。随着负荷增加，EGR 率允许值也__________。

二、选择题

1. 三元催化器可增强（　　）三种气体的活性，促使其进行氧化—还原化学反应。

A. CO、HC 和 NO_x　　B. CO_2、HC 和 NO_x

C. CO、CO_2和 NO_x　　D. CO、CO_2和 HC

2. 向排气管导入二次空气是指利用排气脉动和单向阀，或用气泵向排气管导入新鲜空气，使（　　）继续燃烧，生成无害的水（H_2O）和二氧化碳（CO_2），以减少排放污染物。

A. CO 和 CO_2　　B. HC 和 CO　　C. CO_2和 NO_x　　D. CO_2和 HC

3. 废气再循环系统将排气管中 6% ~20% 的废气引入进气管，和新鲜混合气一起进入气缸进行燃烧，以降低气缸内和排气管的最高温度，减少（　　）的排放。

A. CO 和 CO_2　　B. HC 和 CO　　C. CO_2　　D. NO_x

4. 大负荷、高速时，为了保证发动机有较好的动力性，此时混合气较浓，NO_x排放生成物较少，可不进行 EGR，或（　　）。

A. 减小 EGR 率　　B. 增加 EGR 率　　C. 保持 EGR 率　　D. 尽量最大化 EGR 率

5.（　　）可以使 NO_x 排放减少，但同时会使 HC 排出物和燃油消耗增加。因此，在各种工况下采用的 EGR 率必须是对动力性、经济性和排放性能的综合考虑和权衡。

A. 减小 EGR 率　　B. 增加 EGR 率　　C. 保持 EGR 率　　D. 尽量最大化 EGR 率

三、判断题

1. 废气再循环量对 NO_x排放和油耗的影响还涉及空燃比、点火提前角等因素。因此，在对 EGR 率进行控制的同时，还要对点火时间等因素进行综合控制，以提高发动机性能。（　　）

2. 怠速、低负荷、发动机温度低时，NO_x排放浓度低，为了保证稳定燃烧，EGR 率应为 20%。（　　）

3. 通常用 EGR 率表示 EGR 的控制量，它用进入气缸的混合气中废气的比例表示。

EGR 率与发动机的动力性、经济性和排放性能有关。（　　）

四、简答题

1. 三元催化器的工作原理是什么？

2. 三元催化转化失效的原因有哪些？

3. 如何区分 EGR 系统故障与其他故障？

课题三　汽油蒸发物回收系统

一、填空题

1. 油箱和化油器内的汽油受热蒸发后，利用__________，防止挥发到大气中污染环境。发动机工作时，节气门打开，负压通过真空管吸开__________，将炭罐内的汽油蒸气吸入进气管，进入气缸燃烧。

2. 汽油蒸发物控制系统（EVAP）有__________和__________两种类型。

3. 发动机怠速时，炭罐真空控制电磁阀__________，关断__________，炭罐净化阀便关闭主净化孔，只从固定净化孔吸入少量的__________。

4. 汽油蒸发物控制系统常见故障有________________________、加油过满导致燃油管路中进入液态燃油造成“淹缸”、EVAP 电磁阀处于常开状态引起混合气______、汽油蒸发物控制系统（EVAP）泄漏或不能工作造成__________。

二、选择题

1.（　　）汽油蒸发物控制系统，当发动机工作且转速较高时，计算机打开炭罐电磁阀，节气门处的真空通过炭罐电磁阀吸开炭罐净化控制阀，活性炭罐内的汽油蒸气便从主净化孔和固定净化孔吸入进气歧管，进入发动机燃烧。

A. EGR 式　　B. EVAP 式　　C. 电磁阀控制式　　D. 真空控制式

2.（　　）汽油蒸发物控制系统，电磁阀是常闭的，当冷却液温度大于 70℃、大负荷时，ECU 向电磁阀发送信号，使电磁阀开启，这时炭罐内的汽油蒸气经电磁阀进入进气管，到气缸燃烧。

A. EGR 式　　B. EVAP 式　　C. 电磁阀控制式　　D. 真空控制式

3. 如果显示故障码 P0443，说明汽油蒸发物控制系统电路有故障。清除故障码 P0443，接通点火开关。如果不显示故障码 P0443，属于（　　），此时系统正常，EVAP 电磁阀与 ECU 之间黄/蓝线连接不良或松动。

A. 间歇性故障　　B. 永久性故障　　C. 机械故障　　D. 电气故障

三、判断题

1. 真空控制式汽油蒸发物控制系统是 ECU 通过电磁阀，直接控制真空吸入炭罐内汽油蒸气。（　　）

2. 本田汽车发动机汽油蒸发物控制系统是 ECU 直接用电磁阀控制汽油蒸气管路的通断。（　　）

3. 断开 CRV 炭罐的真空软管，并将真空表连接在软管上。发动机怠速运转，此时电磁阀应断电关闭，真空表应不显示真空。如果有真空，说明电磁阀无故障。（　　）

4. 断开 CRV 炭罐的真空软管，并将真空表连接在软管上。发动机怠速运转，此时电磁阀应断电关闭，真空表应不显示真空。如果有真空，可能是 ECU 损坏或 EVAP 电磁阀与 ECU（B21）之间导线短路搭铁。（　　）

四、简答题

1. 真空控制式汽油蒸发物控制系统的工作原理是什么？

2. 电磁阀控制式汽油蒸发物控制系统的工作原理是什么？

课题四　曲轴箱强制通风系统（PCV）

一、填空题

1．发动机做功时气缸内高温高压气体会从活塞与气缸之间的________窜入________。如果这部分废气进入大气，也会造成极大的污染。

2．PCV 阀完全打开，发动机工作，吸引新鲜空气流动，通风流量很大。新鲜空气流经进气软管→空气软管→左气缸盖空腔→左气缸体空腔→________→右气缸盖空腔→右气缸体空腔→________→节气门体→________→气缸。

二、选择题

1．窜气经过管路和 PCV 阀进入进气管，到气缸燃烧，以免造成空气污染，同时新鲜空气从进气管补充进入曲轴箱，称为（　　）。

A．EGR　　B．三元催化　　C．汽油蒸气回收　　D．曲轴箱通风

2．当发动机部分负荷时，（　　）上方受到真空吸力作用，使阀上移，与弹簧力平衡，（　　）半开，通风量较少。

A．EGR 阀　　B．PCV 阀　　C．EVAP 电磁阀　　D．节气门阀

三、判断题

1．发动机不工作时，PCV 阀在弹簧的作用下，处于打开状态。（　　）

2．怠速或减速时，阀的上方受到强真空作用，使阀移到最上面位置，PCV 阀完全打开，但通风流量很小，这是因为怠速或减速时节气门关闭，进气管内空气流量小。（　　）

四、简答题

1．简述曲轴箱强制通风系统的工作原理。

2．如何检修曲轴箱强制通风阀（PCV 阀）？

模块七　发动机电控系统故障诊断

课题一　电控发动机维修工具和设备

一、填空题

1. 汽车万用表有__________和__________两种。

2. 数字万用表的功能较多，除具有一般指针万用表的功能外，还能用来测量__________、周期、时间间隔、__________和__________等。

3. 汽车数字万用表主要由__________、__________、__________、温度测量插座、公用插孔（供测量电压、电阻、频率、闭合角、占空比、转速用）、搭铁插孔、__________等构成。

二、选择题

1.（　　）是一种携带方便、测量范围大、种类多、用途广泛的电工测量仪表，可以测量直流电流、电压、交流电压、电阻和音频电平等量。

A. 正时灯　　B. 解码器　　C. 示波器　　D. 万用表

2. 汽车专用（　　），可以实时采集点火、喷油、电控系统传感器的波形，通过对传感器波形的分析，可以准确诊断各元器件故障，还可以分析出进气系统和燃油系统可能故障点，为汽车的运行技术状况和故障诊断提供科学依据。

A. 正时灯　　B. 解码器　　C. 示波器　　D. 万用表

3. 汽车（　　）又称汽车故障诊断仪，是专业的汽车维修、检测工具，可用于读取和清除故障码，以及汽车部件匹配与测试检修。

A. 正时灯　　B. 解码器　　C. 示波器　　D. 万用表

4. 电压测量是将万用表与被测负载或信号源（　　）。

A. 并联　　B. 串联　　C. 混联　　D. 交替联

5. 测量电流时，将万用表的测试表笔与被测电路（　　）。

A. 并联　　B. 串联　　C. 混联　　D. 交替联

6. 检测电阻时，须确认被测电路已关闭电源，并断开与其他电路的连接，万用表与被测电路（　　）。

A. 并联　　B. 串联　　C. 混联　　D. 交替联

三、判断题

1. 指针式万用表一般可以测量直流电流、电压、交流电压、电阻和音频电平等量。（　　）

2. 指针式万用表使用结束，则可将中部“量程量项旋钮”置于“交流电压最高挡”位置。数字式仪表的开、关均直接受 ON/OFF 按钮的控制。（　　）

3. 用指针式万用表可以测量高于 1 000 V 的电压。（　　）

4. 为了确保测量精度，万用表指针所指的位置应尽可能指示在刻度中间区域。（　　）

5. 如果不知被测电流范围，应首先将测试项目选择开关置于最大量程，然后视情况降至合适量程。（　　）

四、简答题

1. 简述歧管绝对压力传感器（MAP）波形的检测方法。

2. 如何分析点火线圈次级波形各部分的含义？

3. 简述大众汽车专用诊断仪使用方法。

课题二　电控发动机故障诊断的一般方法

一、填空题

1. OBD 系统的功能由软件和硬件共同实现。OBD 的软件包括__________及其标定，与发动机控制部分一起构成整个__________的软件包。

2. OBD 的硬件主要由各传感器、__________（电子控制单元）、__________、故障显示灯、执行器及线路等与发动机废气控制相关的子系统组成。

3. OBDⅡ故障码由______个字组合而成，第______个字为__________，第______个字到第______个字为__________。

4. 故障码前两个字定义：第一个字符确认故障发生在__________，如动力系、车身、底盘或网络通信，动力系统用 P 代码表示。第二个字符 0、2、3 表示 OBDⅡ通用故障码（ISO/SAE），1 是__________故障码。P0XXX 是由__________统一制定的故障码。

5. OBDⅡ系统比较多个传感器输入信号，以便判断信息是否符合__________，读数一定在__________内，而且它们互相比较时应该存在一定的规律，这样就可以发现合理性故障。如果任何输入不符合逻辑，动力控制模块将会以__________的形式保存一次故障。

6. OBDⅡ诊断座有______针，其中第______针为蓄电池正极。

二、选择题

1. 随着全球汽车保有量的逐年增加和人类环保意识的增强，汽车排放物的污染问题越来越受到世人的关注，世界各国制定的排放法规也越来越严格。车载自诊断系统（　　）应运而生。

A. ABS　　B. EGR　　C. ECU　　D. OBD

2. 被存储的故障代码在检修时可以通过故障指示灯或（　　）来读取。

A. 万用表　　B. 示波器　　C. 指示灯　　D. OBDⅡ扫描仪

3. 故障码前两位，（　　）是发动机变速器控制系统，由厂家各自制定的故障码。

A. P1　　B. P2　　C. P3　　D. C0

4. 故障码前两位，（　　）是发动机变速器控制系统，由 SAE 统一制定的故障码。

A. P1　　B. P2　　C. P3　　D. P0

5. 故障码前两位，（　　）是底盘控制系统，由 SAE 统一制定的故障码。

A. P1　　B. C0　　C. B0　　D. P0

6. 故障码前两位，（　　）是车身控制系统，由 SAE 统一制定的故障码。

A. P1　　B. C0　　C. B0　　D. P0

7. 故障码前两位，（　　）是与网络连接相关的故障码。

A. U0　　B. C0　　C. B0　　D. P0

8. 故障码 P03XX，是发动机（　　）故障码。

A. 变速器　　B. 废气控制相关系统

C. 燃料和进气系统　　　　D. 点火系统

9. 故障码 P04XX，是（　　）故障码。

A. 变速器　　　　B. 废气控制相关系统

C. 燃料和进气系统　　　　D. 点火系统

10. 故障码 P07XX，是（　　）故障码。

A. 变速器　　　　B. 废气控制相关系统

C. 燃料和进气系统　　　　D. 点火系统

三、判断题

1. 当电子控制系统电路的信号出现异常且超出了正常的变化范围，并且在三个连续行程内不会消失，ECU 则判断这一部分出现故障，故障指示灯点亮，同时把这一故障以代码形式存入内部 RAM。（　　）

2. 所有汽车都可以人工读码。（　　）

3. 当发动机起动后，故障警告灯应熄灭。如仍亮，表明发动机系统有故障或异常。（　　）

4. OBDⅡ采用了两位数码制，通过专业检测仪读码或仪表板上的发动机故障警告（MIL）灯闪烁时间长短，读取它对应的故障码。（　　）

5. 当设定一个故障码的时候，动力控制模块可以捕捉和储存故障正好发生时的异常数据，称为“故障快照”。这些异常数据在诊断间歇性故障时很有用。（　　）

6. OBDⅡ不能识别 EGR 阀执行器电磁阀卡住、软管断开等机械故障。因为当动力控制模块指令 EGR 阀打开时，如果有机械故障，排气系统压力没有改变，所以 OBDⅡ系统通常不能确认机械故障。（　　）

7. A 类故障码与排放有关，是最严重的一类故障。它们可能损坏三元催化器，在多数情况下，发现此类故障，就会点亮 MIL 灯，并且储存故障码。A 类故障码将会引起动力控制模块捕捉冻结数据帧数据，而且每次发生故障时，都可能储存和更新故障记录。（　　）

8. C 类故障码与排放有关，MIL 灯将不点亮，但是第一个行程发生故障之后，将会储存故障码。动力控制模块不捕捉冻结数据帧数据。然而，每次发生故障时，可能储存和更新故障记录。（　　）

9. 由于发动机失火，缺乏做功时的加速，因此发动机失火时的转速波动极大。发动机 ECU 可以通过安装在曲轴上的转速/位置传感器来感知瞬时的角速度变化情况，从而确定哪一缸出现失火。（　　）

四、简答题

1. OBDⅡ系统的功能有哪些？

2. 简述 OBD 系统工作过程。

3. 简述故障码触发过程。

课题三　电控发动机综合故障诊断

一、填空题

1. 发动机故障诊断基本流程是向用户询问故障情况、直观检查、起动发动机。如果发动机故障警告灯亮则__________，根据__________排除故障。如果故障警告灯亮而故障仍未消除，则再次读取__________。如果故障消失，则______。如果故障消失或故障警告灯不亮，用故障诊断仪、__________、万用表读取和分析有关发动机的数据流__________、检查更换有关部件，最后进行模拟试验。

2. 发动机不能起动的原因有____________________、____________________、____________________、____________________、曲轴（凸轮轴）位置传感器故障、____________________。

3. 发动机不能起动故障诊断基本流程是解除防盗后，如果起动机转动正常，则检查__________；如果无火花则依次检查__________、__________传感器、点火电路、点火控制器、ECU 电源和搭铁线、__________。

4. 造成油耗大的原因有传感器或开关信号错误、__________、__________故障、__________故障、发动机机械部件故障等。

二、选择题

1. 发动机不能起动故障诊断基本流程是解除防盗后，如果起动机转动慢，则（　　）。

A. 读取故障码　　B. 清除故障码

C. 检查数据流波形　　D. 检查起动时蓄电池电压

2．如果起动机不转，且电磁开关不能吸动，短接电磁开关 B 和 M 两接线柱时火花较强且起动机仍不转，故障可能在（　　）。

A．起动机　　B．点火系统　　C．ECU　　D．蓄电池

3．冷车难起动的根本原因是混合气（　　）。

A．过稀　　B．过浓　　C．过稀或过浓　　D．适中

4．热车难起动的根本原因是混合气（　　）。

A．过稀　　B．过浓　　C．过稀或过浓　　D．适中

三、判断题

1．蓄电池容量足够且起动时电磁开关能吸动，但起动机不能转动，可能是发动机卡死。（　　）

2．发动机不能起动，首先检查气缸压缩压力或发动机是否卡死。（　　）

3．冷车难起动是指冷车起动时要起动几次才能着车，而在热车时起动立即能着车。（　　）

4．热车难起动是指热起动正常，冷车起动困难，甚至不能起动。（　　）

5．故障诊断表中的数字表示可能出现故障部位的顺序。（　　）

四、简答题

1．简述怠速抖动不稳与喘车故障诊断流程。

2．简述油耗高故障诊断流程。

3．简述一汽花冠故障码 P0120 诊断流程。

模块八　发动机电控系统新技术

课题一　车载网络系统

一、填空题

1. 一辆采用传统布线方法的高档汽车导线长度可达__________m，电气节点达 1 500 个。由于汽车电器的增多，大约每 10 年增长 1 倍，布线越来越困难，限制了功能扩展。同时，导线质量每增加 50 kg，每 100 km 油耗增加____________。传统的电气系统大多采用__________的单一通信方式，相互之间__________联系。

2. 现代汽车采用多个电子控制系统。每一个子系统都由__________、传感器、_______________、数据传输线路组成。各子系统的电控单元要进行信息交流，并经过复杂的控制__________，发出控制__________。如果通过简单连接，会导致电控单元针脚增加、电气系统线路复杂、故障率高、维修难度大。

3. 汽车车载网络系统已经将网际网络、无线连接、__________电子装置、__________设备等整合到汽车上，与__________相结合，为乘客提供了前所未有的便利。

4. 车载网络总线的类型有__________、__________、FlexRay、D2BMOST 四种。传输速度是__________。

5. 车载网络按应用分为__________、__________、__________、信息系统四个子网。

6. CAN 系统主要由__________、CAN 收发器、CAN－BUS __________和__________组成。

二、选择题

1. (　　) 是指同一通道或线路上同时传输多条信息，数据依次传输，但速度非常快，几乎是同时传输的，称为分时多路传输。

A. 多路传输　　　　B. 局域网

C. 数据总线　　　　D. 局域网拓扑结构

2. (　　) 是在一个有限区域内连接的计算机网络，通过这个网络实现系统内的资源共享和信息通信。

A. 多路传输　　　　B. 局域网

C. 数据总线　　　　D. 局域网拓扑结构

3. (　　) 是指电子控制单元之间运行数据的通道，即所谓的信息高速公路。

A. 多路传输　　　　B. 局域网

C. 数据总线　　　　D. 局域网拓扑结构

4. 模块是一种电子装置，在计算机（　　）系统中的控制单元模块被称为节点。

A. 多路传输　　　　B. 局域网

C. 数据总线　　　　D. 局域网拓扑结构

5.（　　）是网络的物理连接方式。

A. 多路传输　　　　B. 局域网

C. 数据总线　　　　D. 局域网拓扑结构

6.（　　）总线是低速（最高 20 kbit/s）、单线低成本协议，用于终端节点，用于传感器/执行器间的低速通信，即速度不是关键因素的场合。

A. LIN　　B. CAN　　C. FlexRay　　D. D2BMOST

7.（　　）总线是中等速度（最高 1 Mbit/s）、单信道、双线容错协议，应用于汽车和许多工业控制中，在车辆上应用为电控 4ECU 通信和车内低速信息娱乐功能。

A. LIN　　B. CAN　　C. FlexRay　　D. D2BMOST

8.（　　）总线是高速度（每信道高达 10 Mbit/s）、双信道、时间触发、容错协议，用作骨干网。用于 x-by-wire，通过电子信号传输来替代传统的制动踏板与制动器或方向盘与车轮之间的机械传动。

A. LIN　　B. CAN　　C. FlexRay　　D. D2BMOST

9.（　　）是环路光缆总线（最高 25.6 Mbit/s）、车内高速媒体通信网络数字信号传输总线，用来从卫星网络接收大流量的音频和视频文件，供车内娱乐使用。

A. LIN　　B. CAN　　C. FlexRay　　D. D2BMOST

三、判断题

1. 传统的电气系统同一个信号需要多个传感器送到不同的系统，这样必然需要庞大的布线。（　　）

2. 为了抗电子干扰，CAN 数据总线制成单绞线形式。（　　）

3. 链路是指网络信息传输的媒体，分为有线和无线两种类型，目前车上使用的大多数都是有线网络，通常用于局域网的传输媒体有双绞线、同轴电缆、光纤。（　　）

4. 数据仲裁是指为了可靠地传输数据，通常将原始数据分割成一定长度的数据单元，称为数据帧。一帧数据内包括同步信号、错误控制、流量控制、控制信息、数据信息、寻址信息等。（　　）

5. 传输协议也称通信协议，是控制通信实体间有效完成信息交换的一组约定和规则。（　　）

6. LIN 是控制单元区域网络的缩写，是控制单元通过网络进行数据交换的系统，用于智能化现场设备和自动化系统的开放式、数字化、双向串行、多节点的现场通信总线。（　　）

7. CAN 总线通信介质可以是双绞线、同轴电缆或光纤。总线两端配置 120 Ω 终端电阻。（　　）

8. CAN 上的每个控制单元（ECU）外均设有一个 CAN 控制器和一个 CAN 收发器。（　　）

9. 差动信号放大器用 CAN－H 线上的电压（U_H）减去 CAN－Low 线上的电压（U_L），就得出了输出电压 2 V。这种方法可以清除静电平（CAN 驱动数据总线为 2.5 V）或其他任何重叠的电压。（ ）

四、简答题

1. 简述 CAN 的结构原理。

2. 简述 CAN 总线的特点。

3. CAN 系统总线的检测方法是什么？

课题二 电控节气门系统

一、填空题

1. ____________采用机械连接方式，用拉杆或拉索连接油门踏板和节气门，节气门开度完全取决于驾驶员操作____________的位置，从动力性和经济性角度来看，发动机并不总是完全处于____________运行工况，而且驾驶员的误操作也会给安全性带来隐患。

2. 电平的高低控制步进电动机转动的____________。脉冲个数控制电动机__________，即发出一个脉冲信号，步进电动机就转动一个步进角。脉冲频率控制电动机___________，转速与脉冲频率成正比。因此，通过对上述三个参数的调节可以实现步进电动机的___________。

3. 节气门直流电动机输出转矩与脉宽调制信号的占空比____________。当占空比一定，电动机输出转矩与回位弹簧阻力矩保持平衡时，节气门开度不变；当占空比__________时，电动机驱动力矩克服回位弹簧阻力矩，节气门开度增大；反之，当占空比减小时，电动机输出转矩和节气门开度也随之__________。

4. 通过模式开关选择不同的工作模式，通常有正常模式、动力模式和雪地模式三种，区别在于节气门对油门踏板的__________不同。在正常模式下，节气门对油门踏板的响应速度适合于大多数行驶工况。__________，节气门加快对油门踏板的响应速度，发动机能提供额外的动力。在雪地、雨天附着较差的工况下，驾驶员可选择__________驾驶车辆，此时节气门对油门踏板的响应降低，发动机输出的功率比正常情况下小，使车轮不易打滑，保持车辆稳定行驶。

5. 电控节气门系统主要由油门踏板、__________、发动机控制单元、数据总线、EPC指示灯和__________等组成，作用是确定、调整及监控节气门位置。

二、选择题

1.（　　）为柔性连接，能保证车辆的最佳动力性和燃油经济性，并具有牵引力控制、巡航控制等控制功能，可提高安全性和乘坐舒适性。

A. 传统节气门　　B. 电控节气门　　C. 传统气门　　D. 电控气门

2. 控制单元通过发出的脉冲个数、频率和方向控制电平，对节气门驱动（　　）进行控制。

A. 直流电动机　　B. 电磁阀　　C. 步进电动机　　D. 压电装置

3. 控制单元通过调节脉宽调制信号的占空比来控制节气门（　　）转角的大小，电动机方向则是由与节气门相连的复位弹簧控制的。

A. 直流电动机　　B. 电磁阀　　C. 步进电动机　　D. 压电装置

4. 电控节气门系统采用（　　）踏板位置传感器和（　　）节气门位置传感器，传感器两两反接，实现阻值的反向变化，即两个传感器阻值变化量之和为零。对两个传感器施加相同的电压，两者输出的电压信号也相应反向变化，且其和始终等于供电电压。

A. 2 个、2 个　　B. 1 个、2 个　　C. 2 个、1 个　　D. 1 个、1 个

5. 节气门传感器（　　）可使两个传感器相互检测，当一个传感器发生故障时，能及时被识别，在很大程度上增加了系统的可靠性，以保证行车的安全性。

A. 牵引力控制　　B. 可选的工作模式

C. 发动机转矩需求　　D. 冗余设计

6.（　　）又称驱动防滑控制，是通过减小节气门开度来降低发动机功率，从而达到控制目的。

A. 牵引力控制　　B. 可选的工作模式

C. 发动机转矩需求　　D. 冗余设计

7.（　　）又称恒速控制系统，原理如下：车速传感器将车速信号输入控制单元，控制单元根据行驶阻力的变化，自动调节节气门开度，当汽车阻力增大（上坡）和车速降低时，控制节气门开度增大；反之减小，使行驶车速保持稳定。

A. 牵引力控制　　B. 可选的工作模式

C. 发动机转矩需求　　D. 巡航系统

三、判断题

1. 在混合动力汽车中，由于发动机和电池组成多动力源系统，传统节气门刚性连接方式能实现各动力源之间的能量分配管理。 ( )

2. 电控节气门开度完全取决于驾驶员的操作意图。 ( )

3. 电控节气门系统是独立系统，实现多种控制功能，提高行驶可靠性，使结构简化，成本降低。 ( )

4. 电控节气门系统取消了怠速调节阀，而直接由控制单元调节节气门开度，从而实现车辆的怠速控制。 ( )

5. 电控节气门系统不能减少换挡冲击控制。 ( )

四、简答题

1. 简述电控节气门系统的工作原理。

2. 电控节气门系统的功能有哪些?

课题三 巡 航 系 统

一、填空题

1. 汽车巡航系统主要由__________、__________、__________、__________等部分组成。

2. 汽车巡航系统的操作开关包括__________、离合器开关、变速器__________、__________和电源开关（点火开关）等。

3. 汽车巡航系统的传感器主要有__________、__________和节气门控制摇臂位置传感器等。

4. UCF20 车型用欧姆表检测控制开关针脚 3 与 4 间的电阻值。当关断时，表的读数应为__________Ω；当开关位于 RES/ACC 时，读数应为__________Ω；当开关位于 SET/COAST 时，读数应为__________Ω；当开关位于 CANCEL 时，表的读数应为__________Ω。

5. 丰田凯美瑞自适应巡航系统有__________和__________两种模式。在车间距控制模式中，由毫米波雷达传感器和__________控制，将信号输出到执行器和 ECU 上。巡航控制有等速控制、__________、__________和加速控制。

6. 根据毫米波雷达发射到接收到毫米波雷达反射波之间的时间长度而计算出__________，根据毫米波雷达接收到并反射的波的角度而计算出__________，通过反射波频率变化（多普勒效应）而计算出__________。

二、选择题

1. 下列（　　）驾驶方式更省油。

A. 加速滑行，再加速，再滑行　　B. 匀速行驶

C. 加速空挡滑行　　D. 急加速滑行

2. 主动巡航系统简称（　　），代替司机控制车速，避免了频繁取消和设定巡航控制，使巡航系统适合更多的路况，为驾驶者提供了一种更轻松的驾驶模式。

A. ASR　　B. ABS　　C. CCS　　D. ACC

3. 发动机 ECU 比较实际车速和设定速度。如果实际车速高于设定速度，则它将通过节气门电动机来减小节气门的开度。如果实际车速低于设定速度，则它将通过节气门电动机来增大节气门的开度，称为（　　）。

A. 等速控制　　B. 减速控制

C. 跟车控制　　D. 加速控制

4. 距离控制 ECU 根据来自毫米波雷达传感器的信号来计算目标减速率，并将减速请求信号传输给发动机 ECU。发动机 ECU 接收到此信号后，关闭节气门，从而使车辆减速。如果距离控制 ECU 确定需要进一步减速，则它将制动请求信号发给发动机 ECU，发动机 ECU 将制动请求信号传输给防滑控制 ECU，然后防滑控制 ECU 将操控制动执行器来施加制动，称为（　　）。

A. 等速控制　　　　　　　　　　　　B. 减速控制

C. 跟车控制　　　　　　　　　　　　D. 加速控制

5.（　　）是指车辆可以在根据车速保持适当车间距的同时能跟随在前方车辆后面，可以通过操作距离控制开关选择以下三种车间距：长距离、中距离和短距离。

A. 等速控制　　　　　　　　　　　　B. 减速控制

C. 跟车控制　　　　　　　　　　　　D. 加速控制

6. 距离控制 ECU 根据毫米波雷达传感器探测前方车辆或自身车辆已经更改车道，则加速请求信号将被传输到发动机 ECU 以便达到设定车速。在接收到此信号后，发动机 ECU 调节节气门以便实现（　　）。

A. 等速控制　　　　　　　　　　　　B. 减速控制

C. 跟车控制　　　　　　　　　　　　D. 加速控制

三、判断题

1. 主控开关控制巡航系统的启动、关闭，控制调节巡航工作状态，有杆式和按键式两种。（　　）

2. 当汽车在巡航状态下行驶，出现驾驶员干预，如变换变速器挡位、制动、踩离合器踏板，离合器开关闭合，电控单元不会关闭巡航工作状态。（　　）

3. 如果在巡航控制时扳动操纵手柄、踩制动踏板等，将使设定的车速消失。需恢复巡航控制及车速，则将操纵杆向上扳动，置恢复/加速（RES/ACC）位，即可恢复。但若车速低于 40 km/h，则不可能恢复。（　　）

4. UCF20 车型，将点火开关旋到 ON 位置，当巡航控制开关接通时，仪表板上的巡航主指示灯应亮起；断开巡航控制开关时，指示灯应熄灭。否则，应检修发动机 ECU 故障。（　　）

5. UCF20 车型，当实际车速高于或低于设定车速时，应首先检查执行器控制接线。（　　）

6. 丰田凯美瑞巡航系统，当车辆上坡巡航时，ECT（电子控制变速器）不可执行减挡控制。（　　）

7. 丰田凯美瑞自适应巡航系统减速控制是通过控制节气门和制动，实现平滑减速。（　　）

四、简答题

1. 什么是主动巡航系统？

2. 巡航系统的优点有哪些?

3. 简述巡航系统的使用方法。

4. 简述丰田凯美瑞自适应巡航系统减速控制的工作过程。

课题四　缸内直喷与分层燃烧

一、填空题

1. 汽油机缸内直喷系统由汽油供给和电子控制两部分组成。汽油供给部分由低压油泵、__________、高压油轨（分配油管）、4 个__________N30 – 33 组成。电子控制部分由__________J623、油泵控制单元 J538、__________G247、燃油压力调节阀 N276 等组成。

2. FSI 发动机具有__________、__________、__________三种模式。在三种运行模式中，燃料的__________有所不同，发动机工况不同，采用的__________不同。

3. FSI 发动机按照发动机负荷工况，基本上可以自动选择在低负荷时为__________，在高负荷时则为__________燃烧。在中间负荷状态时，采用__________模式。

二、选择题

1. （　　）J538 与油位传感器、油泵电动机和熔丝一起安装在油箱处，作用是接收发动机控制单元 J623 的 PWM 控制信号，接收车载网络控制单元 J519 的预工作信号，控制油泵的供电和接地，向仪表提供油位信号。

A. 高压油泵　　B. 油泵控制单元
C. 燃油压力调节阀　　D. 喷油器

2. （　　）通过滚轮由凸轮轴驱动，油泵行程为 3 mm，其上集成了缓冲器、限压阀，缓冲器用来吸收压力波动，限压阀提供过压保护，开启压力 140 bar。

A. 高压油泵　　B. 油泵控制单元
C. 燃油压力调节阀　　D. 喷油器

3. N276 的供电回路：J271 内 30→继电器触点→87→SB23→T40/21→102→53→N276→T60/15→J623→搭铁。（　　）N276 的通电和断电，是由发动机控制单元 J623 控制的。

A. 高压油泵　　B. 油泵控制单元
C. 燃油压力调节阀　　D. 喷油器

4. 大众汽车涡轮增压缸内直喷发动机（TSI）的（　　）有 6 个孔，喷油压力高达 150 bar。

A. 高压油泵　　B. 油泵控制单元
C. 燃油压力调节阀　　D. 喷油器

5. （　　）的过量空气系数为 1.6 ~ 3，空气经过接近全开的节气门，进气歧管翻板会将下部进气道完全关闭，这样吸入的空气在上部进气道流动的速度就加快了，于是空气会呈旋涡状流入气缸内。

A. 分层充气模式　　B. 均质稀混合气模式
C. 均质混合气模式　　D. 均匀注油模式

6. （　　），被点燃的混合气与气缸壁之间会出现一个隔离用的空气层，它的作用是降低通过发动机缸体散发掉的热量，提高热效率。最后点火时，火花塞周围的混合气很浓，便于迅速燃烧。

A. 分层充气模式　　B. 均质稀混合气模式

C. 均质混合气模式　　D. 均匀注油模式

7.（　　）的过量空气系数为1.55左右，节气门开度大，进气歧管下部关闭。在上止点前300°左右喷入燃油，形成混合气的时间较长，有利于形成均匀的稀混合气。

A. 分层充气模式　　B. 均质稀混合气模式

C. 均质混合气模式　　D. 均匀注油模式

8.（　　）的过量空气系数为1，即为均质理论空燃比。燃油喷射发生在进气行程中，这样燃油和空气就有了更充足的时间来混合，并且可以利用空气涡流来击碎燃油颗粒，使之混合得更加充分。

A. 分层充气模式　　B. 均质稀混合气模式

C. 均质混合气模式　　D. 均匀注油模式

9.（　　）可充分发挥燃料的经济效益，因为在转速较低、负荷较小时，除了火花塞周围需要形成浓度较高的油气混合物外，燃烧室的其他地方只需空气含量较高的混合气即可。

A. 分层充气模式　　B. 均匀注油模式

C. 均质混合气模式　　D. 分层注油模式

三、判断题

1. 分层充气模式并不是在整个特性曲线范围内都能实现的。这是因为当负荷增大时，需要使用较浓的混合气，燃油消耗方面的优势也就随之下降了。（　　）

2. 过量空气系数小于1.4时，转速升高后，燃烧稳定性就会变好，这是因为混合气准备时间不足，且空气的涡旋流动也对燃烧稳定性产生不利的影响。（　　）

3. 均质稀混合气模式，燃油在进气冲程喷射，并且由于产生加速稀薄混合气燃烧的纵涡流，开关阀被关闭。这时，阻碍燃烧的废气再循环（EGR）仍在进行。（　　）

4. 均质模式的优点在于燃油直接喷入燃烧室内，而吸入的空气可抽走一部分燃油汽化时所产生的热量。这种内部冷却可以降低爆燃趋势，因此可以提高发动机的压缩比和热效率。（　　）

5. 直喷发动机内部冷却可以降低爆燃趋势，可使发动机的压缩比高达12∶1和提高热效率。（　　）

6. 当节气门完全开启，发动机高速运转时，大量空气高速进入气缸形成较强涡流并与汽油均匀混合。（　　）

四、简答题

1. 简述高压油泵的工作原理。

2. 分层喷射与分层燃烧各有什么特点？

课题五　柴油机电控系统

一、填空题

1. 现代柴油机一般采用__________、__________、涡轮增压中冷等技术。

2. 电喷柴油喷射系统由__________、ECU 和__________三部分组成。其任务是对喷油系统进行电子控制，实现对__________以及__________随运行工况的实时控制。

3. 高压共轨系统__________（压力在 120 MPa 以上）直接产生高压燃油后，输送至共轨中消除__________，再分送到各喷油器；当电子控制装置按需要发出指令信号后，高速__________迅速打开或关闭，进而控制__________工作，即按设定的要求喷出或停喷高压燃油。

4. 高压共轨控制策略有__________、怠速控制、喷油量__________、热保护控制、__________、燃油预喷控制等。

二、选择题

1. 电控喷油器根据 ECU 喷油指令脉冲进行喷油，喷油（　　）由指令脉冲起点控制，可以多次喷射。

A. 喷油量　　B. 开始点　　C. 油轨压力　　D. 手动输油泵

2. （　　）由指令脉冲的宽度控制，喷油压力为油轨压力。

A. 喷油量　　B. 开始点　　C. 油轨压力　　D. 手动输油泵

3. （　　）由 ECU 根据油轨压力传感器信号指令高压油泵控制，为闭环控制。

A. 喷油量　　B. 开始点　　C. 油轨压力　　D. 手动输油泵

4. 在对高压油泵初次充油时，由于齿轮输油泵内有空气而供油不足，应该用（　　）对其供油。

A. 喷油量　　B. 开始点　　C. 油轨压力　　D. 手动输油泵

5. 奥迪汽车柴油高压共轨发动机采用的是（　　）喷油器。

A. 电压式　　B. 电感式　　C. 电磁式　　D. 压电式

三、判断题

1. 预喷射可以降低颗粒排放，又不增加 NO_x 排放，还可改善柴油机冷起动性能，降低冷态工况下白烟的排放，降低噪声，改善低速转矩。（　　）

2. 工程机械用柴油机工况很复杂，怠速工况经常出现，而电喷柴油机容易实现最小油

量控制。 (   )

3．第三代柴油机电控燃油喷射系统也称为直接数控系统，它完全摆脱了传统的油泵分缸燃油供应方式，通过共轨和喷油压力/时间的综合控制，实现各种复杂的供油回路和特性。 (   )

四、简答题

1．简述柴油机电子控制技术的发展趋势。

2．简述电控柴油机的 ECU 功能。

课题六　电子控制气门机构

一、填空题

1．气门开闭要适应不同发动机__________的变化，以增加__________，提高发动机的转矩和功率，提升效率，节约燃油。但是无论怎么改进，气门都是由__________驱动，且凸轮的形状是固定的，使气门开闭不能完全适应发动机转速和工况的变化。采用__________（e-Valve）是发动机进气系统彻底的革命。

2．电子气门发动机进气阀门开启深度最浅为________mm，最深可以到________mm，相差近 40 倍，然而从最浅变化到最深，电子控制气门机构所需要的反应时间大约只要________s。

二、选择题

1．电子控制气门机构依靠曲轴的位置信号，利用（　　），单独控制每一个气门的开闭。

A．电压　　B．电感　　C．电磁线圈　　D．压电

2．电子控制气门机构低速时气门（　　），开度较小，且开启的时间较短，以利于燃烧完全，达到省油、环保和提升转矩的目的。

A. 提前开启　　B. 推迟开启　　C. 保持开启　　D. 不开启

三、判断题

1. 电子控制气门机构很容易实现发动机的排量变化。 (　　)

2. 电子控制气门机构高速时气门提前开启，开度较大，且开启时间较长，以增大发动机的功率。 (　　)

四、简答题

1. 电子控制气门机构的优点有哪些？

2. 简述电子控制气门机构的工作原理。

综合试卷一

一、填空题（每空1分，共20分）

1. 发动机电控系统由________、________、________、________和________五个子系统组成。

2. 空气流量计形式不同，可分为体积流量控制型和质量流量控制型。按空气量的检测方式，汽车发动机电控系统可分为________、________、________。

3. 空气供给系统由________、________和________三部分组成。

4. 与普通发动机相比，BMW 的 Valvetronic 技术是________、________可以改变。

5. 发动机进气方式有________和________两种。发动机增压有________和________两种方式。前者________性能好，而后者________性能好。

6. 空气流量传感器有翼片式、量芯式、________、热膜式、卡门涡旋式。

二、选择题（每题1分，共30分）

1. 发动机做功时，燃气从活塞与气缸间窜入曲轴箱。这些气体需要导入气缸燃烧，以免造成空气污染，将新鲜空气补充进入曲轴箱，称为（　　）。

A. 曲轴箱通风　B. 三元催化反应　C. 炭罐吸附　D. 废气再循环

2. 现代汽车广泛采用（　　）汽油喷射方式。

A. K型　B. KE型　C. EFI型　D. FSI型

3. 上止点前，进气门提前打开，排气门推迟关闭，进排气门同时开启，（　　）称为进排气门重叠角。

A. $\alpha+\delta$　B. $\gamma+\beta$　C. $\alpha+\beta$　D. $\alpha+\delta+\gamma+\beta$

4. 进气持续角是指进气门开启期间曲轴转过的角度，即（　　）。气流惯性很大，进气门晚关（β适度增大）仍能继续进气。

A. $\alpha+180°+\beta$　B. $\gamma+180°+\delta$　C. $\alpha+\delta$　D. $\alpha+\delta+\gamma+\beta$

5. 一汽奥迪200 1.8T车型采用1.8 L废气涡轮增压发动机，其功率接近（　　）V6发动机。

A. 2.0 L　B. 3.0 L　C. 2.6 L　D. 1.8 L

6. 节气门体有传统节气门体和电控节气门体，现代汽车广泛采用（　　）。

A. 传统节气门体　B. 电控节气门体

C. 节气门拉索　D. 节气门位置传感器

7.（　　）节气门位置传感器的工作原理：当节气门关闭时，怠速开关触点闭合，ECU根据这一信号，按怠速工况喷油。当节气门微开时，怠速开关触点断开，ECU根据这一信号，按过渡工况喷油。当节气门开度为50%时，全负荷开关触点闭合，ECU根据这一信号，按全负荷工况加浓喷油。ECU 还可以根据怠速开关信号判断是否进行怠速自动控制和急减速断油控制。

A. 开关式　　B. 线性可变电阻式

C. 多触点式　　D. 霍尔式

8. （　　）空气流量计由翼片部分、电位计部分和接线插头组成。

A. 翼片式　　B. 量芯式　　C. 热线式

D. 热膜式　　E. 卡门涡旋式

9. （　　）空气流量计，当气流冲击量芯移动时，使电位计的电阻发生变化，进气量越大，量芯移动距离越大，电位计的电阻变化也越大。它与翼片式空气流量计的原理相同，但没有旁通道，其怠速是由调整一个与 ECU 相连的可变电阻实现的。

A. 翼片式　　B. 量芯式　　C. 热线式

D. 热膜式　　E. 卡门涡旋式

10. 当进气歧管压力变化时，膜盒带动铁芯在磁场中移动，使感应线圈产生的信号电压随之变化。该信号电压由电子电路检波、整形和放大后，作为（　　）进气压力传感器的输出信号送至 ECU。

A. 膜盒式　　B. 温度传感器

C. 半导体压敏电阻式　　D. 空气流量计

11. 直流电动机驱动（　　）油泵，油泵旋转产生离心力，转子槽内的滚子向外移动，紧压在偏心设计的泵体壁面上。滚柱随转子旋转时，泵腔容积产生变化，燃油进口处容积越来越大，出口处容积越来越小，使燃油经过入口的滤网被吸入油泵，加压后经过电动机周围的空间由出口泵出。

A. 滚柱式　　B. 平面叶轮式　　C. 转子式　　D. 齿轮式

12. 缸内直喷分配油管连接在（　　）上。

A. 低压油泵　　B. 高压油泵　　C. 油压调节器　　D. 齿轮泵

13. （　　）穿过分配油管，大量燃油流过喷油器，带走燃油因受热产生的大量气泡，减小了气阻，改善了热起动性。

A. 侧方供油的喷油器　　B. 上方供油的喷油器

C. 冷起动喷油器　　D. 多点喷油器

14. 凌志汽车的点火开关打到 ON 或 ST 位时，ECU 通过 IGSW 或 NSW 收到发动机开始工作的信号，并通过 MREL 控制 EFI 主继电器触点闭合，蓄电池通过 EFI 熔丝、EFI 主继电器、+B 和 +B1 给（　　）供电。

A. 执行器　　B. ECU　　C. 传感器　　D. 自动变速器

15. 输入回路是对输入信号进行预处理，先去除传感器输入信号中的杂波，将正弦波转换为矩形波，最后转换成（　　）的输入电平。

A. 5 V　　B. 5 ~ 12 V　　C. 13 V　　D. 13 A

16. （　　）用来存储 ECU 主程序及各工况下点火、喷油的标准数据。

A. 存储器　　B. 爆燃信号放大模块

C. B58468CPU　　D. 车速信号输入模块

17. 喷油器通电时间（或喷油脉冲宽度）越长，喷油持续时间越长，喷油量就越大。

一般每次喷油的持续时间为（　　）。

A. 2 ms　　B. 2 ~20 ms　　C. 20 ms　　D. 40 ms

18. 开阀时间与关阀时间之差称为（　　），在这段时间内喷油器并不喷油。其中开阀时间受蓄电池电压的影响较大，而关阀时间受蓄电池电压的影响较小。

A. 无效喷射时间　　B. 有效喷射时间

C. 喷射时间　　D. 通电时间

19. 进气温度传感器是（　　）的热敏电阻。

A. 正温度系数　　B. 负温度系数　　C. 高温度系数　　D. 低温度系数

20.（　　）信号（CKP）的作用是计算曲轴位置和转速。

A. Ne　　B. G1　　C. IGf　　D. IGd1

21.（　　）无分电器计算机控制点火系统，低压和高压线路都比较长，故障率较高。线路长使电路中的电容大，高压火花能量较弱。

A. 四缸同时点火　　B. 双缸同时点火

C. 各缸独立点火　　D. 各元件分立

22.（　　）无分电器计算机控制点火系统是指点火线圈每产生一次高压电，都使两个活塞同时在上止点的气缸火花塞同时跳火。

A. 四缸同时点火　　B. 双缸同时点火

C. 各缸独立点火　　D. 各元件分立

23. 在发动机实际运行中，ECU 通常根据发动机（　　）传感器、节气门位置传感器输入的信息，从相应的二维表中找出所对应的点火提前角的数值，再根据其他传感器信息进行校正，就可以对点火系进行适时精确控制。

A. 转速　　B. 氧　　C. 爆燃　　D. 温度

24. 最佳点火提前角随着发动机转速提高而（　　）。

A. 加大　　B. 减小　　C. 不变　　D. 不提前

25.（　　）曲轴位置传感器由转子和线圈组成。转子旋转时，由于转子齿与线圈铁芯的间隙不断发生变化，通过线圈的磁通也不断变化，线圈两端便产生感应电压，并以交流信号输出。交流信号的频率能反映曲轴的转速和位置。当转速慢的时候，其振幅较小，信号较弱。

A. 压电式　　B. 光电式　　C. 霍尔式　　D. 电磁式

26.（　　）曲轴位置传感器的触发叶片离开霍尔元件时，受到磁场作用，在磁场和电流同时存在的情况下，霍尔元件就产生了霍尔电压。

A. 压电式　　B. 光电式　　C. 霍尔式　　D. 电磁式

27.（　　）曲轴位置传感器由信号发生器和信号盘组成。当发光二极管的光束通过信号盘上的孔照射到光敏二极管上时，光敏二极管产生电压；当发光二极管的光束被遮挡时，光敏二极管电压为零。

A. 压电式　　B. 光电式　　C. 霍尔式　　D. 电磁式

28.（　　）曲轴位置传感器（CKP）的信号特点是随着发动机转速的提高，信号的频率越来越快，但传感器输出信号的振幅是恒定的。

A. 压电式　　B. 光电式　　C. 霍尔式　　D. 电磁式

29. (　　) 曲轴位置传感器与霍尔式一样，都需要电源。

A. 压电式　　B. 光电式　　C. 霍尔式　　D. 电磁式

30. (　　) 用来确认凸轮轴位置，ECU 用此信号判断给哪一个气缸点火和喷油顺序。

A. 爆燃传感器　　B. 氧传感器

C. 曲轴位置传感器　　D. 凸轮轴位置传感器

三、判断题（每题 1 分，共 10 分）

1. 油箱内汽油由电动汽油泵泵出，经燃油滤清器过滤后，油压调节器将压力调整为比进气管压力高约 350 kPa。(　　)

2. 现代汽车已经普遍采用缸内喷射系统。(　　)

3. 进气道喷射比 GDI 喷射压力更高、油耗低、燃烧更彻底、排放污染物更少、动态响应好、压缩比大，功率和转矩可以同时提升。目前只有德国大众和三菱公司掌握这项技术。(　　)

4. 2005 年高尔夫 1.4 TSI 车型采用复合式增压器（机械增压和涡轮增压双增压）。(　　)

5. 超声波检测的卡门涡旋式空气流量计，是利用卡门涡旋引起的空气体积变化进行测量的。(　　)

6. 多孔喷油器将燃油喷向多个方向，使油束与空气混合更均匀。(　　)

7. BATT 也是 ECU 的电源，是常电。当其断电时，故障码会消除。(　　)

8. 模拟信号的电压随时间连续变化，数字信号的电压是矩形波。(　　)

9. 混合气越稀，排气中的氧分子浓度就越大。(　　)

10. 实际上只能使混合气在理论空燃比附近一个狭小的范围内波动，故氧传感器的输出电压在 1 ~ 8 V 之间不断变化（通常每 10 s 内变化 8 次以上）。(　　)

四、简答题（每题 5 分，共 40 分）

1. 简述燃油控制的具体内容。

2. 简述进气控制的具体内容。

3. L型汽油喷射系统的特点是什么？

4. 简述汽油机排放污染物净化方法。

5. 缸内喷射系统的特点是什么？

6. 简述CAN的结构原理。

7. 提高充气效率的措施有哪些？

8. 可变配气机构的重要性有哪些？

综合试卷二

一、填空题（每空 1 分，共 20 分）

1. 汽车发动机的污染物来自__________、__________和__________。

2. 进气系统传感器与执行器由__________、__________、__________以及__________组成。

3. 可变配气机构的类型有__________、__________和__________。

4. 节气门位置传感器的作用有控制怠速阀的动作、__________、__________、影响废气再循环（EGR）系统的工作和__________。

5. 膜盒式进气压力传感器主要由__________、铁芯、__________或滑动电阻、__________等组成。

6. 汽油滤清器常装在电动__________之后的输油管上，过滤燃油中的__________，防止污物堵塞__________等精密零件。滤清器内部有 200～300 kPa 的燃油压力，因此，耐压强度要求在__________kPa 以上。

二、选择题（每题 1 分，共 30 分）

1. 油箱内的汽油受热蒸发后，利用（　　），防止挥发到大气中。并在发动机工作时，汽油蒸气被吸入进气管，进入气缸燃烧。

A. 曲轴箱通风　　B. 三元催化反应

C. 炭罐吸附　　D. 废气再循环

2. 大众和奥迪旗下已经广泛使用（　　）技术。

A. FSI 和 DSG　　B. TDI 和 DSG

C. TFSI 和 CVT　　D. EFI 和 AT

3. 非增压发动机进排气门重叠角一般为（　　）；增压发动机进气压力高，需较大的气门重叠角，一般为（　　）。

A. 60°～80°、80°～160°　　B. 80°～160°、20°～60°

C. 20°～60°、80°～160°　　D. 20°～60°、80°～100°

4. 排气持续角是指排气门开启期间内的曲轴转角，即（　　）。利用废气流的惯性，排气门适当晚关（δ 适度增大），可使废气排得较干净。

A. $\alpha+180°+\beta$　　B. $\gamma+180°+\delta$

C. $\alpha+\delta$　　D. $\alpha+\delta+\gamma+\beta$

5. 废气涡轮增压器转子的转速达到（　　）后，其工作状态才最佳。但转速提升中，涡轮增压器的转子反应滞后于油门踏板的动作。而转速达到一定值后，发动机动力输出会突然增加。因此，存在低速转矩小和运转不平顺的问题。

A. 150 000 ~ 170 000 r/min　　B. 15 000 ~ 17 000 r/min

C. 1 500 ~ 1 700 r/min　　D. 1 000 ~ 7 000 r/min

6. (　　) 怠速阀由永久磁铁转子、定子线圈、进给丝杆及阀门等组成。电动机可以正转，也可以反转，进给丝杆可将旋转运动变成阀芯的上下运动，从而调节旁通空气道截面积大小。

A. 直线脉冲式　　B. 旋转脉冲式

C. 步进电动机式　　D. 怠速电动机式

7. (　　) 节气门位置传感器的触点数目多，能更精确地反映发动机负荷的变化，以便更加准确地控制自动变速器的换挡时刻和变矩器锁止离合器的锁止时刻。

A. 开关式　　B. 线性可变电阻式

C. 多触点式　　D. 霍尔式

8. 当空气流过热线时，热线的热量被空气吸收并变冷，使电桥失去平衡，控制电路增加热线的电流，使热线与吸入空气的温度差保持在 100℃。(　　) 空气流量计有主流测量方式和旁通测量方式两种形式。

A. 翼片式　　B. 量芯式　　C. 热线式

D. 热膜式　　E. 卡门涡旋式

9. (　　) 空气流量计发热体热膜由金属铂固定在薄树脂膜上构成，增加了发热体的强度，提高了空气流量计的可靠性。

A. 翼片式　　B. 量芯式　　C. 热线式

D. 热膜式　　E. 卡门涡旋式

10. (　　) 进气压力传感器，封装在真空室内的硅片，由于一侧受进气压力的作用，另一侧是真空，所以在进气压力变化时硅片产生变形，使硅片的电阻值发生变化，导致桥式电路的输出电压发生变化，使半导体硅片产生压电效应。

A. 膜盒式　　B. 温度传感器

C. 半导体压敏电阻式　　D. 空气流量计

11. (　　) 电动汽油泵的构造与滚柱式电动汽油泵相似，但它的转子是一块圆形平板，平板圆周上开有小槽，形成泵油叶轮。

A. 滚柱式　　B. 平面叶轮式　　C. 转子式　　D. 齿轮式

12. 汽油滤清器有如下性能：过滤效率高、使用寿命长、(　　)、耐压性能好、体积小、质量轻。

A. 压力损失小　　B. 高压　　C. 低压　　D. 压力损失大

13. (　　) 安装在节气门后的进气管上，喷入额外的燃油，加浓混合气，提高发动机的冷起动性能。

A. 侧方供油的喷油器　　B. 上方供油的喷油器

C. 冷起动喷油器　　D. 多点喷油器

14. 汽油泵、喷油器、EGR 阀、ISC 阀、点火线圈和点火器、炭罐电磁阀 (EVAP)、燃油压力控制阀、氧传感器的加热线圈等 (　　) 都是由 EFI 主继电器供电。

A. 执行器　　B. ECU　　C. 传感器　　D. 自动变速器

15. (　　) 负责爆燃传感器信号模/数转换，如损坏会引起发动机爆燃。

A. 存储器　　B. 爆燃信号放大模块

C. B58468CPU　　D. 车速信号输入模块

16. B58468CPU 是英飞凌的 8 位单片机，负责整个 ECU 的控制工作。如损坏会引起发动机不点火、不喷油，检测仪无法与电控单元通信，以至于 (　　) 不工作。

A. 存储器　　B. 爆燃信号放大模块

C. 发动机微型计算机　　D. 车速信号输入模块

17. (　　) 喷油器的响应性好，可缩短无效喷油时间，能防止电磁线圈的发热损坏，减少能量消耗。

A. 电流驱动　　B. 低电阻　　C. 高电阻　　D. 电压驱动

18. 喷油器 (　　)，使用低电阻喷油器时，应在电路中串入附加电阻，将蓄电池电压分压后加在喷油器上。

A. 电流驱动　　B. 低电阻　　C. 高电阻　　D. 电压驱动

19. 发动机起动时，由于吸入气缸的空气量较少，空气流量计的检测精度低，因此用冷却液温度传感器的信号来计算基本喷油持续时间，ECU 再根据进气温度和蓄电池电压对基本喷油时间进行修正，得到起动过程实际的喷油持续时间，作为起动工况的主喷油量，其喷油量和喷油时刻与发动机曲轴转角有固定关系，这部分喷油为 (　　)。

A. 同步喷射　　B. 同时喷射　　C. 异步喷射　　D. 顺序喷射

20. 当蓄电池电压变化时，会影响到喷油器开启时刻，从而造成喷油量的误差。ECU 通常采用修正 (　　) 的方法来消除蓄电池电压变化对喷油量的影响，当电源电压过低时，适当延长通电时间；当电源电压较高时，适当缩短通电时间。

A. 无效喷射时间　　B. 有效喷射时间

C. 喷射时间　　D. 通电时间

21. 氧传感器按检测精度分为窄域氧传感器和宽域氧传感器。(　　) 氧传感器可以检测稀薄混合气状态下的燃烧情况。

A. 二氧化钛　　B. 宽域　　C. 窄域　　D. 主

22. 用氧传感器进行空燃比闭环控制，在理论空燃比 14.7 附近，氧气和汽油完全燃烧，同时 (　　) 的净化率最高。

A. 二氧化钛　　B. 宽域　　C. 窄域　　D. 三元催化器

23. 当发动机冷却液温度大于 60℃，(　　) 氧传感器自身温度达到 600℃以上时，才能正常工作；在温度低于 300℃时不工作。

A. 二氧化钛　　B. 宽域　　C. 窄域　　D. 二氧化锆

24. (　　) 氧传感器的工作范围都是在过量空气系数 $\lambda=1$ 附近（空燃比为 14.7），一旦超出此范围，测量误差极大。

A. 二氧化钛　　B. 宽域

C. 二氧化锆及二氧化钛　　D. 二氧化锆

25. 冷却液温度传感器是 (　　) 的热敏电阻，温度越低，阻值越大。

A. 正温度系数　　B. 负温度系数　　C. 高温度系数　　D. 低温度系数

26. (　　) 转子有24个齿，故分电器旋转1圈，即曲轴旋转2圈，感应线圈产生24个交流信号，每个脉冲相当于曲轴转过30°角，再由发动机微型计算机ECM均分为30等份，即产生曲轴1°信号，用于计算曲轴位置。

A. Ne　　B. G1　　C. IGf　　D. IGd1

27. 桑塔纳2000GSi，捷达AT、GTX和奥迪200型轿车采用（　　），将点火器和点火线圈组合在一起，缩短了低压电线。

A. 四缸同时点火　　B. 双缸同时点火

C. 各缸独立点火　　D. 各元件分立

28. 本田飞度的i-DSI发动机点火控制系统，将点火器、点火线圈、高压部分都集成在一起，共8套，每个气缸有两套，称为（　　）。

A. 四缸同时点火　　B. 双缸同时点火

C. 各缸独立点火　　D. 各元件分立

29. 当发动机的转速一定时，节气门开度增大，进入气缸的混合气量增多，混合气质量提高，燃烧速度加快，点火提前角应相应（　　）。

A. 加大　　B. 减小　　C. 不变　　D. 不提前

30. 发动机在起动或怠速时，混合气的燃烧速度较慢，但发动机的转速很低，燃烧所对应的曲轴转角很小，如果点火提前角过大，有可能造成发动机反转而使起动困难，此时点火提前角较小或（　　）。

A. 加大　　B. 减小　　C. 不变　　D. 不提前

三、判断题（每题1分，共10分）

1. 出现故障时，ECU检测有问题的传感器，在ECU中储存故障码，故障灯不亮。采用人工或用解码器，从ECU中可读取故障码。（　　）

2. 单点喷射是化油器式发动机改进型，结构简单。采用一个或并列的两个喷油器，直接将汽油连续喷入节气门前方的进气管中，与进气气流混合，形成的混合气通过进气歧管分配至各气缸。（　　）

3. 当节气门体脏污时，会出现摘空挡熄火和热车起动怠速不稳的现象，这时并不需要对节气门体进行清洗。（　　）

4. 多触点式节气门位置传感器的检查调整：在节气门限位螺钉和限位杆之间插入适当厚度的塞尺，用万用表欧姆挡在节气门位置传感器连接器上测量怠速触点和全负荷触点的导通情况。（　　）

5. 氧传感器、爆燃传感器本身不能产生电压信号。（　　）

6. 电磁式曲轴位置传感器的输出信号为模拟信号，发动机转速较高时，输出的信号电压较低；发动机转速较低时，输出的信号电压较高。（　　）

7. 开阀时间受蓄电池电压的影响较大，而关阀时间受蓄电池电压的影响较小。（　　）

8. 低电阻喷油器电磁线圈的匝数少、电阻大，所以电流大、发热快、易损坏。（　　）

9. 冷却液温度传感器将冷却液温度的高低转变成电信号，ECU据此控制供油加浓量（冷车起动时和暖机过程中）、点火正时和怠速转速。（　　）

10. 点火控制模块应及时向 ECU 返回 IGt 点火确认信号。若其 3 ~ 5 次均无 IGf 信号返回，则 ECU 便以此判定点火系有故障，且强行断油，致使发动机熄火。 （ ）

四、简答题（每题 5 分，共 40 分）

1. 简述废气涡轮增压的工作原理。

2. 怠速控制装置的工作原理是什么？

3. 简述电控节气门系统的工作原理。

4. 如何检修开关型节气门位置传感器？

5. 如何检修卡门涡旋式空气流量计？

6. 电动汽油泵应完成哪些控制功能？

7. 简述喷油器的工作原理。

8. 什么是同步喷射正时控制？

综合试卷三

一、填空题（每空1分，共20分）

1. 进气通道由________、________、________和________四部分组成。

2. 本田汽车的VTEC可以通过不同凸轮控制________和________。

3. 节气门位置传感器常见故障有插接器松动、导线断开、________、触点________或损坏等。节气门位置传感器工作不正常可能会出现________、加速无力、________、起动困难等现象。

4. 喷油器按ECU控制方式分为________和________。

5. ECU的功能有________、燃油压力控制、燃油喷射正时控制、________、怠速转速控制、________、________等。现代汽车还有牵引力控制、定速巡航控制功能。

6. 传感器输出的信号有________信号和________信号两种。

7. 起动喷油量控制包括________、高温起动时修正喷油量控制和________控制。

二、选择题（每题1分，共30分）

1. 在发动机中高速时，ECU控制EGR阀，使部分废气进入气缸中，降低气缸中的温度，从而减少NO_x的排放，称为（　　）。

A. 曲轴箱通风　　B. 三元催化反应　　C. 炭罐吸附　　D. 废气再循环

2. 用空气流量计直接测量吸入的空气量，称为（　　）电控汽油喷射系统。

A. D型　　B. L型　　C. CFI型　　D. SPI型

3. 为了充分利用燃料燃烧的热能，要求燃烧过程在活塞到达上止点略后（　　）的位置完成，使气体充分膨胀做功。考虑到从点火到燃烧需要经过着火准备阶段，因此实际上汽油机都在压缩冲程结束前，上止点前（　　）点火。

A. 5°、80°~100°　　B. 20°、20°~60°

C. 30°、80°~160°　　D. 10°、10°~25°

4. 由于进气门早开和排气门晚关，在排气末和进气初，活塞处于上止点附近时，进排气门同时开启，这种现象称为气门重叠。进排气门同时开启所对应的曲轴转角，称为气门重叠角，即（　　）。

A. $\alpha+180°+\beta$　　B. $\gamma+180°+\delta$　　C. $\alpha+\delta$　　D. $\alpha+\delta+\gamma+\beta$

5.（　　）怠速阀由电磁线圈、阀轴及阀等构成，是利用电流通断时间的占空比控制怠速进气量。如果通电时间长，断电时间短，则进气量增加。

A. 直线脉冲式　　B. 旋转脉冲式

C. 步进电动机式　　D. 怠速电动机式

6.（　　）节气门位置传感器，当节气门轴转动时，带动电位计活动触点移动。随着节气门开度的增大，电位计活动触点的电阻增大。ECU 通过线性节气门位置传感器，获得从全闭到全开连续变化的线性模拟信号，以及节气门开度变化速率，从而精确判断发动机的工况，提高控制精度和效果。

A. 开关式　　B. 线性可变电阻式

C. 多触点式　　D. 霍尔式

7. 当空气流过（　　）空气流量计时，涡旋发生器后部将会不断产生所谓卡门涡旋的涡旋串，测出卡门涡旋的频率便可感知空气流量的大小。

A. 翼片式　　B. 量芯式　　C. 热线式

D. 热膜式　　E. 卡门涡旋式

8.（　　）空气流量计用来检测卡门涡旋频率的方法有超声波检测和反光镜检测。

A. 翼片式　　B. 量芯式　　C. 热线式

D. 热膜式　　E. 卡门涡旋式

9. 桑塔纳轿车将进气压力传感器和（　　）G72 安装在一起。G72 是一个负温度系数的热敏电阻。

A. 膜盒式　　B. 进气温度传感器

C. 半导体压敏电阻式　　D. 空气流量计

10. 电动汽油泵主要由滤网、单向阀、安全阀、直流电动机、（　　）等部件组成。

A. 滚柱式　　B. 平面叶轮式　　C. 转子式　　D. 油泵

11. 分配油管比较粗，其上安装有（　　）、喷油器，有的还安装有脉动缓冲器。

A. 油压调节器　　B. 高压油泵　　C. 低压油泵　　D. 油温传感器

12.（　　）喷油器一般为低阻抗型，其线圈的电阻为 2 ~ 3 Ω，驱动的脉冲电流开始较大，使电磁线圈产生较大的吸力，打开针阀，然后再用较小的电流保持针阀的开启。

A. 电流驱动式　　B. 电压驱动式　　C. 低阻抗型　　D. 高阻抗型

13. 有源（　　），如空气流量计、进气温度传感器、主副节气门位置传感器、水温传感器等，由 ECU 供电，电压大多为 5 V。

A. 执行器　　B. ECU　　C. 传感器　　D. 自动变速器

14. 车速信号输入模块，是将（　　）信号输入的电压模拟信号转换为电控单元能够识别的数字信号，经模/数转换后传给 ECU。

A. 存储器　　B. 爆燃信号放大模块

C. B58468CPU　　D. 车速传感器

15. 低电平驱动开关集成电路 4226 - G，在 CPU 的配合下驱动晶体管 30023 和控制点火线圈，如损坏会引起（　　）故障。

A. 不点火　　B. 不喷油　　C. 无怠速　　D. 无高速

16. 发动机起动时，由于吸入气缸的空气量较少，空气流量计的检测精度低，因此用冷却液温度传感器的信号来计算基本喷油持续时间，ECU 再根据进气温度和蓄电池电压对基本喷油时间进行修正，得到起动过程实际的喷油持续时间，作为起动工况的主喷油量，其喷油量和喷油时刻与发动机曲轴转角有固定关系，这部分喷油为（　　）。

A. 同步喷射　　B. 同时喷射　　C. 异步喷射　　D. 顺序喷射

17. 在起动过程中，有些电控汽油机中的 ECU 能根据发动机水温，同时进行一定量的异步喷射，或控制冷起动阀进行（　　），以补充冷起动过程对燃油量的额外要求。

A. 同步喷射　　B. 同时喷射　　C. 异步喷射　　D. 顺序喷射

18. 混合气过浓，使火花塞潮湿，不能正常点火，称为溢油或淹缸。（　　）功能是在起动时踩下油门踏板，使节气门全开，点火开关处于起动位置，发动机转速低于 500 r/min，ECU 使喷油器停止喷油，以排除气缸中多余的燃油，使火花塞干燥。

A. 溢油消除　　B. 断油控制　　C. 异步喷射　　D. 学习控制

19. 当混合气较稀时，燃烧后的废气中氧离子多，二氧化钛氧传感器呈低电阻状态，Ox 端子上的电压也低。在理论空燃比附近，由于电阻急剧变化，Ox 端子上的电压也在（　　）不断变化。

A. 0.1 ~0.9 V 之间　　B. 1.1 ~9.9 V 之间

C. 12 V 左右　　D. 9 V 左右

20.（　　）氧传感器的电阻将在混合气的过量空气系数为 1 时产生突变。当给氧传感器施加稳定的电压时，在其输出端便可得到一个交替变化的信号。该稳定电压一般由 ECU 内部的稳压电路提供。

A. 二氧化钛　　B. 宽域

C. 二氧化锆及二氧化钛　　D. 二氧化锆

21. 将冷却液温度传感器放入 40℃ 热水中，电阻为（　　）。从热水中拿出，电阻逐渐上升到 1.38 kΩ（20℃）。

A. 0.7 kΩ　　B. 2.7 kΩ　　C. 1.7 kΩ　　D. 3.7 kΩ

22.（　　）信号在 1、4 缸活塞上止点前（BTDC）10°产生，用于辨别给哪个气缸喷油和点火，也用来替代 Ne 信号，作为计算曲轴转角的基准信号。

A. Ne　　B. G　　C. G2　　D. 1°

23.（　　）是指火花塞电极间跳火开始到活塞运行至上止点时这段时间内曲轴所转过的角度。

A. 闭合角　　B. 点火提前角

C. 曲轴转角　　D. 初始点火提前角

24.（　　）是沿用了传统点火系的概念，在电子控制的点火系统中是指初级电路接通的时间。

A. 闭合角　　B. 点火提前角

C. 曲轴转角　　D. 初始点火提前角

25. 汽油标号越高或混合气稀，燃烧速度慢，点火提前角（　　）。

A. 加大　　B. 减小　　C. 不变　　D. 不提前

26. 在汽车的使用中，压缩比高的发动机要使用高标号汽油，如果不得已使用了低标号汽油，为了避免发生爆燃，则应（　　）点火提前角。

A. 加大　　B. 减小　　C. 不变　　D. 不提前

27.（　　）一般固定在压缩行程上止点前 10°。

A. 基本点火提前角　　B. 点火提前角修正值

C. 闭合角　　D. 初始点火提前角

28.（　　）随发动机转速的升高而增大。

A. 基本点火提前角　　　　　　B. 点火提前角修正值

C. 闭合角　　　　　　　　　　D. 初始点火提前角

29. 当发动机负荷在25%以下和50% ~75%时，(　　) 基本保持不变。

A. 基本点火提前角　　　　　　B. 点火提前角修正值

C. 闭合角　　　　　　　　　　D. 初始点火提前角

30. 当冷却液温度在0 ~70℃之间逐渐上升时，点火提前角增大15°并逐渐减小，发动机温度也逐渐升高，属于（　　）控制。

A. 基本点火提前角　　　　　　B. 点火提前角修正值

C. 闭合角　　　　　　　　　　D. 初始点火提前角

三、判断题（每题1分，共10分）

1. 出现故障时，ECU检测有问题的传感器，在ECU中储存故障码，故障灯不亮。采用人工或用解码器，从ECU中可读取故障码。　　（　　）

2. 发动机换气过程是排气过程和进气过程的统称，目的是排净气缸内废气，并充入尽量多的新鲜空气，提高发动机的动力性，包括从排气门开启直到进气门关闭，占410° ~480°曲轴转角。　　（　　）

3. 积炭形成的原因之一是曲轴箱通风装置所致。　　（　　）

4. 超声波检测的卡门涡旋式空气流量计是把涡旋发生器两侧压力变化，通过导压孔引向薄金属制成的反光镜表面，使反光镜产生振动，反光镜振动时将发光二极管投射的光反射给光电二极管，对反光信号进行检测。　　（　　）

5. 汽油滤清器安装时不需要注意方向。　　（　　）

6. 水温升高或加热线圈通电都会使温度时间开关的触点断开，以控制冷起动喷油器的电路。　　（　　）

7. 输入回路利用其内部的转角脉冲发生器，将曲轴位置传感器输入的几十个脉冲信号（曲轴转一圈）转换成720个脉冲信号，使脉冲周期由十几度曲轴转角转换成0.5°曲轴转角，提高了发动机的控制精度。　　（　　）

8. 喷油量的控制其实就是喷油器通电开始时间的控制。　　（　　）

9. 当混合气接近理论空燃比14.7时，氧离子浓度差急剧变化，输出的电位差从9 V急剧变化到1 V，氧传感器起到一个浓、稀开关的作用。　　（　　）

10. G1线圈与G2线圈对称，Ne（TDP）线圈用于判断4缸活塞上止点，G2（CYP）线圈用于判断1缸活塞上止点。　　（　　）

四、简答题（每题5分，共40分）

1. 如何改善废气涡轮增压器的性能？

2．如何检修捷达轿车怠速电动机式节气门怠速阀？

3．电磁阀控制式汽油蒸发物控制系统的工作原理是什么？

4．膜盒式进气压力传感器是如何工作的？

5．当发动机不运转时，有哪几种方式可以控制电动汽油泵立即停止工作？

6. 如何检修喷油器控制电路?

7. 如何检测天津威驰发动机 ECU 喷油器的端子?

8. ECU 的工作原理是怎样的?

综合试卷四

一、填空题（每空1分，共20分）

1. 进气管喷射采用________汽油喷射系统，缸内喷射采用________汽油喷射系统。

2. 本田汽车的VTEC技术，当发动机低转速时，气门升程__________，以减小进气道截面积，增大气缸内__________，提高进气流的惯性，以提高进气量；当发动机高转速时，__________气门升程，增大进气道截面积，以减小进气__________，增加进气量。

3. 传统节气门体由节气门壳体、节气门及轴、节气门拉索架、________、________控制装置组成。

4. 进气压力传感器一般有________、________和接地三个端子。

5. 怠速时，ECU插座THA（E5－3）－E2（E5－9）导线颜色是________，进气温度20℃，________的电压是0.5～3.4 V。

6. 对于模拟信号的处理，输入回路首先对其进行________、去除杂波、正弦波转换为________，然后将输入电压变成能够被计算机接收的________信号。

7. 在起动喷油控制程序中，ECU按发动机水温、进气温度、起动转速计算出一个固定的喷油量，供给________的混合气。发动机水温或进气温度越低，喷油量就________，加浓的持续时间也________。

8. 本田i－DSI智能化双火花塞顺序点火系统，每个气缸有两套点火系统。火花塞、________与__________组装在一起，取消了高压线，减小了线路长度和故障率，增强了高压火花能量。

二、选择题（每题1分，共30分）

1. 当CO、HC和NO_x通过（　　）孔道时，转化为无毒的水（H_2O）、氧气（O_2）和氮气（N_2）。

A. 曲轴箱通风　　B. 三元催化器　　C. 炭罐吸附　　D. 废气再循环

2. 利用发动机转速和进气管绝对压力，推算出每一循环吸入发动机的空气量，据此计算汽油的喷射量，称为（　　）电控汽油喷射系统。

A. D型　　B. L型　　C. CFI型　　D. SPI型

3. 做功冲程燃料燃烧放出大量热能，使气缸内气体压力急剧升高，最高瞬时压力达（　　），温度升高到（　　）。由于高温高压的气体迅速膨胀，推动活塞做功，通过连杆推动曲轴做旋转运动。

A. 3～5 MPa、100 K　　B. 3～5 MPa、2 200～2 800 K

C. 3～5 Pa、800 K　　D. 1 MPa、2 200～2 800 K

4. 大多数轿车发动机的配气相位可以随发动机转速、负荷变化而自动调整。本田汽车采用的可变气门正时技术称为（　　）。

A. i－VTEC　　B. VVT－i　　C. VVT　　D. VVL

5.（　　）怠速阀电枢铁芯上有绕向相反的两组线圈 L_1、L_2，当线圈 L_1 通电时，电枢带动滑阀顺时针转动，旁通空气道减小；当线圈 L_2 通电时，电枢带动滑阀逆时针转动，旁通空气道增大。

A. 直线脉冲式　　B. 旋转脉冲式

C. 步进电动机式　　D. 怠速电动机式

6. 空气流量计与 J220 端插头间各导线电阻要低于 1.5 Ω，否则将接触不良或（　　）。

A. 损坏　　B. 断路　　C. 短路　　D. 搭铁

7. 空气流量计导线彼此间电阻值应为∞ Ω，否则将（　　）。

A. 接触不良　　B. 断路　　C. 短路　　D. 搭铁

8. 油泵出口处有一（　　），在油泵不工作时阻止燃油倒流回油箱，以保持发动机停机后的燃油压力，便于再次起动。

A. 单向阀　　B. 限压阀　　C. 油压调节器　　D. 油泵

9. 油泵内容积变化会产生（　　）。

A. 泵油脉动　　B. 回油脉动　　C. 喷油脉动　　D. 吸气脉动

10. 油压调节器阀门打开和关闭会产生（　　）。

A. 泵油脉动　　B. 回油脉动　　C. 喷油脉动　　D. 吸气脉动

11.（　　）喷油器通过附加电阻接 12 V 电源。有的一个喷油器配一个附加电阻，有的两个喷油器配一个附加电阻，有的三个喷油器配一个附加电阻。

A. 电流驱动式　　B. 电压驱动式　　C. 低阻抗型　　D. 高阻抗型

12. BAT（E4－1）－E1（E6－14）之间的电压是（　　）。

A. 0 V　　B. 5 V　　C. 9～14 V　　D. 12 V

13. 传感器信号放大转换电路 30311 负责（　　）信号的整形与放大，如损坏会引起不点火、不喷油等故障。

A. 执行器　　B. ECU　　C. 传感器　　D. 自动变速器

14. M1.5.4 型 ECU 的 TLE4226－G 低电平驱动开关模块损坏会引起（　　）、空调不工作以及发动机不点火等故障。

A. 燃油泵　　B. ECU　　C. 传感器　　D. 自动变速器

15.（　　）是根据发动机每个工作循环的进气量，按理论空燃比 14.7 计算出的喷油量，与空气流量成正比，与发动机转速成反比。

A. 修正量　　B. 基本喷油量　　C. 增量　　D. 同步喷油量

16. 部分负荷工况是汽车发动机的主要运行工况，其喷油量稀于理论混合比下的喷油量，采用（　　），保证发动机的经济性。

A. 修正量　　B. 基本喷油量　　C. 增量　　D. 同步喷油量

17.（　　）是根据进气温度、大气压力、蓄电池电压等实际运转情况，对基本喷油量进行适当修正，使发动机在不同运转条件下都能获得最佳浓度的混合气。

A. 修正量　　B. 基本喷油量　　C. 增量　　D. 同步喷油量

18. 稀混合比传感器是在（　　）氧传感器的基础上扩充功能形成的。

A. 二氧化钛　　B. 宽域

C. 二氧化锆及二氧化钛　　D. 二氧化锆

19. 丰田汽车的点火开关处于 ON 位置，水温 80℃时，冷却液温度传感器连接器 THW 与 E2 两端子之间的电压为（　　），所测得的电压应该与冷却液温度成反比变化。

A. 0.25 ~ 1.0 V　B. 2.7 ~ 6 V　C. 1 ~ 12 V　D. 3.7 V

20. （　　）是一个自耦变压器，用来将低压电转化为 20 000 V 以上的高压电。

A. 曲轴位置传感器　　B. 点火器

C. 点火线圈　　D. 凸轮轴位置传感器

21. （　　）一般固定在压缩行程上止点前 10°。

A. 基本点火提前角　　B. 点火提前角修正值

C. 闭合角　　D. 初始点火提前角

22. （　　）随发动机转速的升高而增大。

A. 基本点火提前角　　B. 点火提前角修正值

C. 闭合角　　D. 初始点火提前角

23. 进气温度和发动机温度升高，混合气质量提高，燃烧速度加快，点火提前角应相应（　　）。

A. 加大　B. 减小　C. 不变　D. 不提前

24. 有些车型采用的点火线圈，初级电阻很小，其饱和电流可达 30 A 以上，这一技术称为高能点火技术（HEI）。为了防止初级电流过大烧坏点火线圈，在点火控制电路中增加了（　　）控制电路。

A. 恒流　B. 减压　C. 增压　D. 减流

25. （　　）曲轴位置传感器的触发叶片离开霍尔元件时，受到磁场作用，在磁场和电流同时存在的情况下，霍尔元件就产生了霍尔电压。

A. 压电式　B. 光电式　C. 霍尔式　D. 电磁式

26. （　　）用来确认凸轮轴位置，ECU 用此信号判断给哪一个气缸点火和喷油顺序。

A. 爆燃传感器　　B. 氧传感器

C. 曲轴位置传感器　　D. 凸轮轴位置传感器

27. 在电控点火系统中，用（　　）进行闭环控制，有效地控制点火提前角，则可以防止爆燃，从而使发动机工作在爆燃的临界状态。

A. 爆燃传感器　　B. 氧传感器

C. 曲轴位置传感器　　D. 凸轮轴位置传感器

28. （　　）用来检测发动机的燃烧过程中是否发生爆燃，发动机发生爆燃时，ECU 根据该信号延迟点火正时，以防止爆燃。

A. 凸轮轴位置传感器　　B. 氧传感器

C. 曲轴位置传感器　　D. 爆燃传感器

29. （　　）只允许频率为 6 ~ 9 kHz 的爆燃信号或接近爆燃的信号输入 ECU 进行处理，其他频率的信号则被衰减。

A. 带通滤波器　　B. 信号放大器

C. 整形滤波和比较基准电路　　D. 爆燃信号

30. (　　) 的作用是将信号放大，以便整形滤波电路进行处理。

A. 带通滤波器　　B. 信号放大器

C. 整形滤波和比较基准电路　　D. 爆燃信号

三、判断题（每题1分，共10分）

1. 随着发动机转速降低，需延长进排气时间，使气门早开晚闭，增加进气量，使排气更干净，以提高发动机的动力性。(　　)

2. 在拥堵的城市路况下，车辆走走停停，发动机低速运转，更容易形成积炭。(　　)

3. 丰田卡罗拉 1ZR－FE 发动机和新款凯美瑞采用多触点式节气门位置传感器，在高速和极低车速下，也能产生精确的信号。(　　)

4. 电动汽油泵及电动机都浸在油箱内汽油中，这样安装管路简单，不会产生漏油现象。运转时，不易产生气阻。(　　)

5. 在无油的情况下可以运转电动汽油泵。(　　)

6. 当冷却液温度低于 20℃时，冷起动喷油器由温度时间开关控制；20～60℃，由 ECU 控制喷油；大于 60℃，ECU 使冷起动喷油器停止喷油。(　　)

7. 高温起动应减小喷油量，以解决因汽油蒸气存在而引起的混合气变稀的问题。一般是当冷却液温度上升到设定值（如 100℃）以上时，减小喷油量。(　　)

8. 二氧化钛氧传感器的工作原理与二氧化锆氧传感器有很大不同，它是利用氧气与半导体 TiO_2 元件进行氧化反应，使电阻发生变化，不需要排气管内外气体比较，同时需要电源。(　　)

9. 当冷却液温度大于 70℃时，暖机修正点火提前角不需要增大。(　　)

10. 霍尔式曲轴位置传感器（CKP）的信号特点是随着发动机转速的提高，信号的频率越来越快，但传感器输出信号的振幅是恒定的。(　　)

四、简答题（每题5分，共40分）

1. 简述氧传感器的作用。

2. 如何检修膜盒式进气压力传感器？

3. 如何检修电动汽油泵控制电路？

4. 简述稀混合比传感器工作原理。

5. 简述二氧化钛氧传感器的结构原理。

6. 三元催化转化器失效的原因有哪些？

7. 如何分析点火次级波形？

8. OBDⅡ系统的功能有哪些？

综合试卷五

一、填空题（每空1分，共20分）

1. 现代汽车广泛采用________，其喷油器工作顺序有________、________和________。

2. 为了增加进气量，充分利用进气流的惯性，需要尽量提前打开进气门（________），推迟关闭进气门（________）。由于做功行程末，气缸内燃烧基本结束，有必要提前打开排气门（________）。为了将废气排除干净，需要推迟关闭排气门（________），充分利用排气流的惯性排气。

3. 压缩冲程终了时，气体的压力达________，温度达________。

4. 传统节气门体怠速控制装置的类型有旁通气道与怠速空气阀式、_______、直线脉冲式、旋转脉冲式、________。

5. 步进电动机式怠速阀的转子有16个永久磁铁，定子由两个带有16齿的铁芯交错安装在一起，每个铁芯有两组绕向相反的线圈。转子工作范围有__________步，锥阀行程为________，每$\frac{1}{4}$ s转一圈（________步），共3.9圈。CPU分别控制四个定子线圈通电，使步进电动机转动。

6. 捷达轿车采用__________节气门怠速阀，由怠速触点F60、________________G69、怠速位置传感器G88和__________V60组成。

7. 断油控制主要有________断油控制、________断油控制以及减转矩断油控制三种。

二、选择题（每题1分，共30分）

1. 发动机微型计算机根据（　　），确定点火时刻基准。再根据发动机运行工况，确定最佳点火时刻（点火提前角），控制点火线圈电流大小和通电时间（导通角）。

A. 曲轴位置传感器和凸轮轴位置传感器
B. 曲轴位置传感器
C. 凸轮轴位置传感器
D. 节气门位置传感器

2. L型汽油喷射系统采用（　　）测量进气量。

A. 空气流量计　　B. 氧传感器
C. 进气压力传感器　　D. 节气门位置传感器

3. 由于受进气阻力、气缸压力和温度的影响，汽油机的充气效率η_{CH}为（　　），柴油机的充气效率η_{CH}为（　　）。

A. 0.7～0.85、0.5～0.7　　B. 0.7～0.85、0.75～0.9
C. 0.7～0.85、0.5～0.6　　D. 0.85～1.7、0.75～0.9

4. 宝马 760 发动机采用的可变气门正时技术 Valvetronic，可（　　）。

A. 连续改变进气门升程　　B. 连续改变排气门升程

C. 连续改变进气相位　　D. 连续改变排气相位

5. 大部分汽车采用（　　）进气相位调整装置。

A. 叶片式　　B. 螺旋式　　C. 时规链　　D. 改变凸轮

6. 捷达轿车采用（　　）节气门怠速阀，通过控制节气门的开度直接控制发动机怠速。

A. 直线脉冲式　　B. 旋转脉冲式

C. 步进电动机式　　D. 怠速电动机式

7. 若油泵出口一侧油压过高，打开（　　），使部分燃油回到进油口一侧，以保护电动汽油泵。

A. 单向阀　　B. 限压阀　　C. 油压调节器　　D. 油泵

8. 喷油器间歇喷油会产生（　　）。

A. 泵油脉动　　B. 回油脉动　　C. 喷油脉动　　D. 吸气脉动

9.（　　）利用弹簧和膜片的变形，使其内部容积随分配油管内油压大小而变化，以吸收油压的脉动，保持分配油管内油压恒定。

A. 氧传感器　　B. 脉动缓冲器

C. 油压调节器　　D. 节气门位置传感器

10. 发动机 ECU 通过调节喷油器的通电时间来控制喷油量。如果进气歧管内真空度随发动机工况而变化，则使喷油量发生少量变化。为了精确控制喷油量，必须利用（　　）使油压和进气歧管真空度之和保持不变。

A. 氧传感器　　B. 脉动缓冲器

C. 油压调节器　　D. 节气门位置传感器

11. BAT（E4－1）－E1（E6－14）之间的电压是（　　）。

A. 0 V　　B. 5 V　　C. 9～14 V　　D. 12 V

12. VC（E5－1）－E2（E5－9）的标准电压是 4.5～5.5 V，是指（　　）之间的电压。

A. 电源线 VC 与搭铁线 E2　　B. 信号线 KS 与搭铁线 E2

C. THA 与搭铁线 E2　　D. VTA 与搭铁线 E2

13. 点火开关扭到 ON 位置，节气门全闭时，（　　）VTA（E5－11）－E2（E5－9）的信号电压是 2.7～5.2 V，全开时信号电压是 0.3～1.0 V。

A. 空气流量计　　B. 进气温度传感器

C. 节气门位置传感器　　D. 水温传感器

14.（　　）是当发动机工况变化时，如暖机、加速、大负荷等，为加浓混合气而增加的喷油量，以使发动机获得良好的动力性、加速性、平顺性等使用性能。

A. 修正量　　B. 基本喷油量　　C. 增量　　D. 同步喷油量

15. 只有在混合气浓度处于理论空燃比附近时，三元催化转换效率最高。用氧传感器对排气中氧含量进行检测，ECU 根据检测结果，将修正空燃比控制在理论空燃比（14.7）附近，称为（　　）。

A. 空燃比反馈修正　　B. 学习修正

C. 怠速稳定性修正　　D. 暖机过程修正

16. 在实际运行中，当修正值大于设定值时，为进一步提高空燃比的控制精度，ECU根据计算出的实际空燃比与理论空燃比的偏差，对喷油时间进行总修正，称为（　　），并把学习修正值储存在 EPROM 或 RAM 中作为以后的预置值。

A. 空燃比反馈修正　　B. 学习修正

C. 怠速稳定性修正　　D. 暖机过程修正

17. 德国博世（　　）过程，发动机工作在最高转速 ±80 r/min 范围内（6 000 ~ 7 000 r/min）。发动机运行时，ECU 将发动机的实际转速与储存在 ROM 中的最高转速进行比较，当转速超过设定转速时，ECU 停止输出喷油信号，转速下降至设定转速时再恢复喷油，如此反复循环，防止发动机转速继续上升。

A. 超速断油控制　　B. 减速断油控制

C. 减转矩断油控制　　D. 暖机过程控制

18. ECU 采取（　　），自动中断燃油喷射，发动机转速下降，直到设定的较低转速时再恢复喷油。这样减少了有害物的排放和燃油消耗量，促使发动机转速尽快下降，有利于汽车减速。

A. 超速断油控制　　B. 减速断油控制

C. 减转矩断油控制　　D. 暖机过程控制

19. 当自动变速器自动升挡时，ECU 会暂时中断个别气缸喷油，减小发动机输出转矩，以降低发动机转速，减轻换挡冲击，称为（　　）。

A. 超速断油控制　　B. 减速断油控制

C. 减转矩断油控制　　D. 暖机过程控制

20. （　　）用来控制点火线圈初级电流通断，并使点火线圈次级产生 20 000 V 互感电动势。

A. 曲轴位置传感器　　B. 点火器

C. 点火线圈　　D. 凸轮轴位置传感器

21. 当发动机负荷在 25% 以下和 50% ~75% 时，（　　）基本保持不变。

A. 基本点火提前角　　B. 点火提前角修正值

C. 闭合角　　D. 初始点火提前角

22. 当冷却液温度在 0 ~70℃ 之间逐渐上升时，点火提前角增大 15°并逐渐减小，发动机温度也逐渐升高，属于（　　）控制。

A. 基本点火提前角　　B. 点火提前角修正值

C. 闭合角　　D. 初始点火提前角

23. 曲轴箱产生的污染物是汽油燃烧的中间产物，净化方法是（　　），并送到进气管。

A. 炭罐吸附　　B. 废气再循环

C. 三元催化转换　　D. 曲轴箱强制通风

24. 排气管产生的污染物的净化方法主要是（　　）。

A. 炭罐吸附　　B. 废气再循环

C. 三元催化转换　　D. 曲轴箱强制通风

25. 减少排气管产生的氮氧化物的方法主要是（　　）。

A. 炭罐吸附　　B. 废气再循环

C. 三元催化转换　　D. 曲轴箱强制通风

26. 汽油箱内的汽油蒸气的净化方法是（　　），并导入进气管。

A. 炭罐吸附　　B. 废气再循环

C. 三元催化转换　　D. 曲轴箱强制通风

27. 三元催化器可增强（　　）三种气体的活性，促使其进行氧化—还原化学反应。

A. CO、HC 和 NO_x　　B. CO_2、HC 和 NO_x

C. CO、CO_2 和 NO_x　　D. CO、CO_2 和 HC

28. 大负荷、高速时，为了保证发动机有较好的动力性，此时混合气较浓，NO_x 排放生成物较少，可不进行 EGR，或（　　）。

A. 减小 EGR 率　　B. 增加 EGR 率

C. 保持 EGR 率　　D. 尽量最大化 EGR 率

29.（　　）可以使 NO_x 排放减少，但同时会使 HC 排出物和燃油消耗增加。因此，在各种工况下采用的 EGR 率必须是对动力性、经济性和排放性能的综合考虑和权衡。

A. 减小 EGR 率　　B. 增加 EGR 率

C. 保持 EGR 率　　D. 尽量最大化 EGR 率

30.（　　）汽油蒸发物控制系统，电磁阀是常闭的，当冷却液温度大于 70℃、大负荷时，ECU 向电磁阀发送信号，使电磁阀开启，这时炭罐内的汽油蒸气经电磁阀进入进气管，到气缸燃烧。

A. EGR 式　　B. EVAP 式　　C. 电磁阀控制式　　D. 真空控制式

三、判断题（每题 1 分，共 10 分）

1. 顺序喷射是 ECU 根据曲轴位置传感器提供的喷射正时信号和发动机的工作顺序，连续控制各缸喷油器进行喷射。（　　）

2. 检查空气流量计数据流，如果未达到规定值或故障存储器内存有空气流量计故障码，应检查空气流量计 G70 供电电压。（　　）

（1）如果空气流量计的供电正常（12 V），则更换空气流量计 G70。（　　）

（2）如果空气流量计无供电电压，检查燃油泵继电器 J17 的导线。（　　）

（3）如果确定空气流量计的导线无故障，检查信号线及搭铁线。（　　）

3. 在 ECU 导线连接器侧，测量在不同真空度下进气歧管压力传感器（PIM - E2 端子间）的输出电压，该电压应能随真空度的增大而不断下降。（　　）

4. 要绝对禁止在无油的情况下运转电动汽油泵，也不要等油用光后才去加油，以免烧坏电动汽油泵。（　　）

5. 设置单向阀可以在燃油输送管路内维持一定的压力，以使发动机在低温情况下的起动变得容易。（　　）

6. 微型计算机是汽车控制系统的神经中枢，其作用是通过内存程序和数据库，对传感器输入的信号进行分析、运算、判断等处理，然后向各执行器输出控制指令。（　　）

7. 三元催化转换装置只有在混合气浓度处于理论空燃比附近时，才能使 CO、HC 的氧化反应和 NO_x 的还原反应同时进行，三元催化转换效率最高。（　　）

四、简答题（每题5分，共40分）

1. 简述OBD系统工作过程。

2. D型汽油喷射系统的特点是什么？

3. 简述二氧化锆氧传感器的结构原理。

4. 点火系统的基本原理是什么？

5. 点火提前角的影响因素有哪些？

6. 爆燃控制电路各部分的作用是什么？

7. 简述电控节气门系统的工作原理。

8. 简述电控节气门系统的功能。